Quick Guide

Reihe herausgegeben von
Springer Fachmedien Wiesbaden
Wiesbaden, Deutschland

Quick Guides liefern schnell erschließbares, kompaktes und umsetzungsorientiertes Wissen. Leser erhalten mit den Quick Guides verlässliche Fachinformationen, um mitreden, fundiert entscheiden und direkt handeln zu können.

Thomas Rätscher

Quick Guide Bonitätsprüfung – Worauf die Prüfer achten

Wie Sie Zahlungssicherheit gewährleisten und digitale Betrugsmaschen blocken

Thomas Rätscher
Dr. Thomas Rätscher e.K.
Pastetten, Deutschland

ISSN 2662-9240   ISSN 2662-9259 (electronic)
Quick Guide
ISBN 978-3-658-44895-0   ISBN 978-3-658-44896-7 (eBook)
https://doi.org/10.1007/978-3-658-44896-7

Die Deutsche Nationalbibliothek verzeichnet diese Publikation in der Deutschen Nationalbibliografie; detaillierte bibliografische Daten sind im Internet über https://portal.dnb.de abrufbar.

© Der/die Herausgeber bzw. der/die Autor(en), exklusiv lizenziert an Springer Fachmedien Wiesbaden GmbH, ein Teil von Springer Nature 2024
Das Werk einschließlich aller seiner Teile ist urheberrechtlich geschützt. Jede Verwertung, die nicht ausdrücklich vom Urheberrechtsgesetz zugelassen ist, bedarf der vorherigen Zustimmung des Verlags. Das gilt insbesondere für Vervielfältigungen, Bearbeitungen, Übersetzungen, Mikroverfilmungen und die Einspeicherung und Verarbeitung in elektronischen Systemen.
Die Wiedergabe von allgemein beschreibenden Bezeichnungen, Marken, Unternehmensnamen etc. in diesem Werk bedeutet nicht, dass diese frei durch jedermann benutzt werden dürfen. Die Berechtigung zur Benutzung unterliegt, auch ohne gesonderten Hinweis hierzu, den Regeln des Markenrechts. Die Rechte des jeweiligen Zeicheninhabers sind zu beachten.
Der Verlag, die Autoren und die Herausgeber gehen davon aus, dass die Angaben und Informationen in diesem Werk zum Zeitpunkt der Veröffentlichung vollständig und korrekt sind. Weder der Verlag noch die Autoren oder die Herausgeber übernehmen, ausdrücklich oder implizit, Gewähr für den Inhalt des Werkes, etwaige Fehler oder Äußerungen. Der Verlag bleibt im Hinblick auf geografische Zuordnungen und Gebietsbezeichnungen in veröffentlichten Karten und Institutionsadressen neutral.

Planung/Lektorat: Irene Buttkus
Springer Gabler ist ein Imprint der eingetragenen Gesellschaft Springer Fachmedien Wiesbaden GmbH und ist ein Teil von Springer Nature.
Die Anschrift der Gesellschaft ist: Abraham-Lincoln-Str. 46, 65189 Wiesbaden, Germany

Wenn Sie dieses Produkt entsorgen, geben Sie das Papier bitte zum Recycling.

Vorwort

Der hohe Wettbewerbsdruck, neue Geschäftsmodelle, künstliche Intelligenz, Inflation, Preissteigerungen und Energiespar-Maßnahmen stellen Firmen und Privatpersonen vor liquide Herausforderungen. Aus diesem Grund werden für Unternehmen Bonitätsprüfungen immer wichtiger. Auch weil sich der Verkauf von Produkten zunehmend im Internet abspielt. Mit einem Klick wechseln Waren den Besitzer, ohne dass der Verkäufer diesen wie in einer Metzgerei, in einem Sportartikelshop oder in einem Gemüsegeschäft überhaupt zu Gesicht zu bekommt und ihn und seine Familie aus dem Viertel zu kennen.

Heute laufen Bestellprozesse also klassische Order-to-Cash-Prozesse – kurz O2C genannt – anonym und global ab. Waren und Dienstleistungen wechseln erst den Besitzer und anschließend wird oft verzögert und nicht wie im stationären Handel direkt an der Theke oder der Kasse eines Geschäfts bezahlt.

Um die Sicherheit der Zahlung zu gewährleisten, gibt es die Bonitätsprüfung. Diese in Unternehmen einzuführen oder eine bestehende zu überprüfen und zu verbessern, ist meine Aufgabe als Executive Interim Manager. Zu diesem Zweck werde ich als Experte in Unternehmen gerufen. In dem Ihnen vorliegenden Buch „Auf was Bonitätsprüfer achten" habe ich dargestellt, worauf es bei diesem Abwicklungsprozess ankommt. Denn zunehmend komplexer werdende Geschäftsstrukturen, ausgeklügelte wie blitzschnell agierende Betrüger stellen Unternehmer vor die immer größere Herausforderung, die Bonität, sprich: die Glaubwürdigkeit ihrer Kunden bei Bezahlprozessen zu kennen. Gut beraten ist der, der weiß, worauf es ankommt und auf welche Kriterien – auch in rechtlicher Hinsicht – zu achten ist.

In diesem Buch werde ich keine neuen wissenschaftlichen Erkenntnisse der Credit-Management-Lehre erarbeiten und zeigen. Ich gehe vielmehr auf vorhandenes Vorgehen in Unternehmen ein und erläutere das an entsprechenden Beispielen. Mit der Bonitätsprüfung lassen sich nicht nur äußerst erfinderische Diebe und betrügerische Bots – also autonome Computersysteme – mit fingierten Identitäten & Co. in Schach halten, sondern es lässt sich auch schnell auf Marktveränderungen reagieren. Das macht einen großen Unterschied aus.

Wie viele Zahlungsausfälle und Betrügereien sich ein Unternehmen leisten kann, um weiterhin im Plus zu wirtschaften, fällt in einen sehr niedrigen Prozentbereich. Haben Sie sich schon mal überlegt, wie viele nicht zahlende Kunden und zunehmend auch Bots Sie sich leisten können? Denn genau diese Summe hat enormen Einfluss auf den Unternehmenserfolg. Sie hat Auswirkungen auf Ihren geschäftlichen Gewinn. Und die Zahl der Betrugsfälle wird in den nächsten Jahren vermutlich weiter steigen. Selbst wenn niemand sich das wünscht, legen Inflation, leere Kassen, Liquiditätsmangel und neue technologische Errungenschaften diesen Gedanken nahe. Umso besser ist es zu wissen, wie Sie Ihr Unternehmen dagegen schützen und für die Zukunft vorbauen, als dass Sie gezwungen sind, Ihrem Geld hinterher zu laufen.

Und: Die aktuelle Bonitätsprüfung ist erst der Anfang. Künstliche Intelligenz sorgt auch in diesem Bereich für Furore und international für noch bessere Geschäfte. Mit mehr Sicherheit, Entspanntheit und Inspiration für alle Beteiligten. Noch nie in der Geschichte der Menschheit waren Daten so wertvoll wie heute – sie richtig einzusetzen und zu gewichten ist ein permanenter Prozess, der eine große Chance darstellt.

Welche, das lesen Sie hier.

Pastetten   Dr. Thomas Rätscher
September 2024

Dank

Mit diesem Quick Guide möchte ich Sie ein Stück weit begleiten und Ihnen hoffentlich einige wertvolle Impulse geben. Auch mich haben in der Zeit der Entstehung dieses Buches Menschen begleitet, denen ich hier danken möchte:

Mein Dank gilt vor allem meiner Frau und meiner Tochter, die während der Zeit des Schreibens immer wieder auf mich verzichten mussten. Für ihre Geduld, ihren Zuspruch und ihre Liebe.

Dr. Markus Höchstötter möchte ich danken für seine fachliche Expertise sowie für den wertvollen Input und Dr. Martin Wachinger für seine immer ehrliche Meinung und die Anregung, überhaupt ein Buch zu schreiben.

Meinen Klientinnen und Klienten für ihr Vertrauen und das gegenseitige Tun und Arbeiten – auch denen, die in Zukunft noch dazukommen werden.

Bedanken möchte ich mich auch bei Christine Koller, die den Text mit entstehen ließ und daran gefeilt hat. Dann bei Nicole Haindl für ihr engagiertes Abtauchen in die Geschichte der Bonitätsprüfung.

Auch dem Springer Verlag gilt mein Dank und besonders Irene Buttkus für ihre schnelle Zusage und die tatkräftige Unterstützung.

Zuletzt möchte ich noch allen Autoren Dank sagen, deren Bücher mich inspiriert haben. Sollte ich beim Zitieren jemanden vergessen haben oder nicht ganz korrekt gewesen sein, war das nicht meine Absicht. Ich bitte um Nachsicht und werde, sollte es zu einer Neuauflage kommen, dies richtigstellen.

Ich bin sehr dankbar, dass ich dieses Buch verfassen konnte. Viele Ideen haben mich begleitet. Auch auf Ihr Feedback bin ich gespannt. Denn mich mit Zahlen und Daten zu beschäftigen ist meine Berufung und ich freue mich schon darauf, diese vielleicht in weiteren Büchern erweitern und vertiefen zu können!

> **Gender-Hinweis**
>
> Um den Text leichter lesen zu können, wurde in diesem Buch bei Personenbezeichnungen und personenbezogenen Hauptwörtern die männliche Form (generisches Maskulinum) verwendet. Entsprechende Begriffe gelten im Sinne der Gleichbehandlung grundsätzlich für alle Geschlechter. Die verkürzte Sprachform hat lediglich redaktionelle Gründe und beabsichtigt keinerlei Wertung.

Haftungsausschluss/Disclaimer

Dieses Buch enthält sorgfältig ausgewählte Verlinkungen. Alle Verlinkungen wurden bei Redaktionsschluss (24. April 2024) vom Autor sorgfältig überprüft und waren zu diesem Zeitpunkt aktuell und valide.

Für Veränderungen, die die Betreiber der angesteuerten Webseiten nach dem 24. April 2024 an ihren Inhalten vornehmen oder für mögliche Entfernungen solcher Inhalte übernehmen Autor und Verlag explizit keinerlei Gewähr.

Zudem haben der Verlag und die Autoren auf die Gestaltung und die Inhalte der externen gelinkten Seiten keinerlei Einfluss genommen und machen sich deren Inhalte nicht zu eigen.

Inhaltsverzeichnis

1	**Die Grundlagen der Bonitätsprüfung**	1
1.1	Sekundenschnell entscheiden trotz Anonymität	1
1.2	Was steckt hinter dem Begriff?	3
1.3	Warum man begann, die Glaubwürdigkeit zu prüfen: Geschichtliches	5
	1.3.1 Kreditwesen bedingt Bonitätsprüfung	6
	1.3.2 Die erste Auskunftei: Von der Mercantile Agency zu Dun & Bradstreet	12
	1.3.3 Auskunfteien in Europa	14
	1.3.4 Technologie verändert das Geschäft: Vom handgeschriebenen Brief zum Scoring per Mausklick	17
1.4	Wo setzt die Bonitätsprüfung beim O2C-Geschäft an?	19
1.5	Daten und mathematische Formeln – die Bausteine	21
1.6	Wer macht die Bonitätsprüfung und warum?	25
Literatur		28

2 Auskunfteien & Co. – externe Datenpools ... 31
2.1 Welche Auskunfteien und Datenpools gibt es? ... 32
    2.1.1 Die bekanntesten fünf deutschen Auskunfteien ... 32
    2.1.2 Auskunfteien liefern vor allem Negativ-Informationen ... 34
    2.1.3 Datenpools ... 35
    2.1.4 Der Fraud Prevention Pool (FPP) ... 37
    2.1.5 Übersicht: Die Forderungen des Gesetzgebers beim Einmelden ... 38
2.2 Key Performance Indicators und ihre Aussagekraft ... 40
    2.2.1 Die Kennzahlen etwas aufgeschlüsselt ... 42
    2.2.2 Die wichtigsten Kennzahlen im B2B-Geschäft ... 44
2.3 Scoring und Rating – die Kategorien der Bewertung ... 54
    2.3.1 Was sagen externe Score-Werte aus? ... 54
    2.3.2 Die Daten und § 28b Nr. 2BDSG ... 65
Literatur ... 74

3 Durchführung einer Bonitätsprüfung ... 77
3.1 Score-Wert-Berechnung und die Wahrscheinlichkeit des Zahlungsausfalles ... 78
    3.1.1 Wie halten wir es mit dem Risiko? ... 80
    3.1.2 Welche Prozesse laufen bei der Scorecard-Berechnung ab? ... 84
3.2 Berechnungsmethoden der Bonitätsprüfung ... 88
    3.2.1 Die Diskriminanzmethode ... 88
    3.2.2 Kreditscoring-Systeme ... 89
3.3 Ermitteln von Score-Werten im Unternehmen ... 95
Literatur ... 102

4 In der Praxis – so geht ein Bonitätsprüfer vor ... 105
4.1 Schritt 1: Grundlagenarbeit – Ermitteln des Status Quo ... 106
4.2 Schritt 2: Klaren Fahrplan für die Datenverarbeitung aufstellen ... 107

4.3	Welche Folgen hat die Bonitätsprüfung – für Kunden, für das Unternehmen?	111
4.3.1	Für Käufer	111
4.3.2	Für das Unternehmen	112
4.3.3	KVP	113

5 Rechtlicher Rahmen und DSGVO ... 115
5.1 DSGVO und Bonitätsprüfung ... 116
    5.1.1 Prüffristen verlangen eine mehrjährige Speicherung ... 117
    5.1.2 Verkürzte Löschfristen ... 118
    5.1.3 Verkürzte Löschfristen auch bei Restschuldbefreiung? ... 120
5.2 Sind automatisierte Bonitätschecks DSGVO-fest? ... 122
5.3 Gibt es klare Datenschutzregelungen zur Bonitätsprüfung? ... 123
Literatur ... 126

6 Fraud und wie Sie sich dagegen schützen ... 127
6.1 Interner und externer Betrug – eine Unterscheidung ... 128
6.2 Betrug und die Bonitätsprüfung ... 129
6.3 So erfinderisch sind die Betrüger – die Methoden ... 130
    6.3.1 Identitätsdiebstahl ... 130
    6.3.2 Einkommensfälschung ... 132
    6.3.3 Manipulation von Kreditberichten ... 132
    6.3.4 Kreditkartenbetrug ... 134
    6.3.5 Synthetischer Betrug ... 136
    6.3.6 Ghosting ... 137
    6.3.7 Sozialingenieurwesen ... 138
    6.3.8 Kollusion im Zusammenhang mit der Bonitätsprüfung ... 139
    6.3.9 Mobile Betrugsfälle ... 140
    6.3.10 Invoice Fraud ... 142

	6.3.11 Phishing-Mails	144
	6.3.12 „Juice Jacking" – eine neue Form von Fraud	145
6.4	Tech-Lösungen – wie KI, Biometric und Blockchain helfen	147
Literatur		149

7	**What's next?**		151
7.1	KI – ein zeitgemäßer Adjutant beim Kampf gegen Fraud		152
7.2	Wie kann KI die herkömmlichen Ansätze ergänzen?		153
7.3	Vor- und Nachteile von KI in der Bonitätsprüfung		154
	7.3.1	Die Vorteile	154
	7.3.2	Die Nachteile	155
7.4	Ethische und regulatorische Aspekte		156
7.5	Ausblick: Die künftige Rolle der KI bei der Bonitätsprüfung		157
7.6	Ist die Bonitätsprüfung ein Auslaufmodel?		158
7.7	Welche Rolle spielt Blockchain?		160
Literatur			164

1

Die Grundlagen der Bonitätsprüfung

Bevor ich nun Schritt für Schritt ausführe, wie Sie Ihr Unternehmen vor Zahlungsausfällen weitestgehend absichern und bei diesem doch komplexen Prozess ins Detail gehe, hier nun erst einmal die Grundlagen und die Frage: „Warum ist eine Bonitätsprüfung gerade heute so bedeutend?".

> **In diesem Kapitel erfahren Sie**
> - warum die Bonitätsprüfung notwendig ist.
> - wo sie im Online-Geschäft ansetzt.
> - woher sie stammt und was ihre Wurzeln waren.
> - welche Bausteine sich dahinter verbergen.

1.1 Sekundenschnell entscheiden trotz Anonymität

Per Mausklick wechseln Mobiltelefone, Kosmetikartikel und Bekleidung blitzschnell den Besitzer, werden Energie-, Versicherungs- und Telekommunikationsverträge geschlossen. Ganz selbstverständlich findet auf diese Weise im In- und Ausland der Erwerb von Waren, Services und Dienstleistungen statt.

Transaktionen müssen schnell gehen und Vertragsparteien stehen sich dabei immer seltener physisch gegenüber. Es dem Kunden beim Kauf leicht und angenehm zu machen, hat einen hohen Stellenwert. Nicht selten erhält der Kunde dann die Produkte, Leistungen bzw. die Kredite ganz oder zumindest in Teilen schon ohne eine vorausgehende Zahlungsverpflichtung. Stattdessen werden – außer bei einer vollständigen Bar- und/oder Vorauszahlung – sogenannte Lieferantenkredite bis zur vollständigen Begleichung des Betrags gewährt. Das heißt, bis die Bezahlung per Überweisung, Lastschrift, Factoring etc. erfolgt ist. Um Ihnen eine Summe zu nennen: Im Jahr 2022 lag der E-Commerce-Umsatz allein im B2C-Bereich bei 84,5 Mrd. €, so die Plattform Statista, die Online die Daten von Markt- und Meinungsforschungsinstitutionen sowie aus Wirtschaft und amtlichen Statistiken zusammenträgt.[1] Das ist mehr als doppelt so viel wie noch im Jahr 2015. Und an dieser Stelle kommt die Bonitätsprüfung als Entscheidungsinstanz ins Spiel. Sie ist auf Unternehmensseite eine Art Absicherung, mit der in Sekundenschnelle die Glaubwürdigkeit eines Kunden geprüft werden kann, bevor mit ihm ein Kaufvertrag abgeschlossen wird. So gelingt es, das Zahlungsausfall-Risiko zu minimieren und die Quote der Betrugsfälle, die im anonymen Markt der digitalen Warenwirtschaft leider zunehmen, zu reduzieren. Schließlich werden KI, Hacker und Robots auch immer geübter.

Im Mittelpunkt dieses Buchs steht daher die Bonitätsprüfung als Teil des Order-to-Cash-Prozesses (O2C). Hier wird der (potenzielle) Kunde für das Unternehmen überhaupt sichtbar, weil er am Ende des Dateneingabeprozesses Namen, Anschrift und persönliche Daten preisgibt. Anhand dieser kann seine Kreditwürdigkeit durch eine Prüfung eingeschätzt werden. Bei Barzahlung oder Vorauskasse des kompletten Betrages ist eine Bonitätsprüfung nicht notwendig, da die fällige Summe umgehend beglichen wird. Das Risiko, dass die Zahlung nicht erfolgt – wie im O2C-Geschäft, beim Kauf auf Rechnung – besteht erst gar nicht. Das Risiko kann bei der Auswahl bei Transaktionen via PSP (Payment Service Provider – Zahlungsdienstleister oder auch Zahlungsabwickler) wie zum Beispiel Paypal, Klarna oder Ayden besser gesteuert werden. Je geringer allerdings die Kenntnis des Händlers, des Verkäufers oder der Bank über den anfragenden Kunden ist,

---

[1] http://de.statista.com, ecommerce Prognose 2023, abgerufen am 25.07.2023.

desto wichtiger ist es, Informationen über die Person und gegebenenfalls dessen Unternehmen einzuholen, um dadurch die Zahlungsfähigkeit und den Zahlungswillen zu beleuchten und so ein Schutzschild vor Zahlungsausfall und schlimmstenfalls vor der Insolvenz zu schaffen.

Wie eine solche Bonitätsprüfung abläuft, damit sie zu einem möglichst objektiven und treffsicheren Ergebnis gelangt, welche Daten darin einfließen, warum sie bereits im Altertum durchgeführt wurde, wer sie damals vor allem in Anspruch nahm, das alles erläutere ich im Rahmen dieses Buches. Daneben schlüssele ich Ihnen auf, wo Sie welche Daten als Grundlage für die Prüfung erhalten können und worauf bei der Auswertung sowie deren Gewichtung zu achten ist und gehe dann auf rechtliche Neuigkeiten – Stichwort DSGVO – ein. Denn auch hier tut sich einiges. Zudem gibt es Neuigkeiten in Sachen neue Technologien, die von Betrügern nicht ungenutzt bleiben. Diese setzen nämlich ebenso immer häufiger auf künstliche Intelligenz. Zum einen, um Bestellungen unter einer künstlich erzeugten Identität auszulösen oder über einen geknackten Kundenaccount (Account-Take-Over) aktiv zu werden. Ebenso wird die Wirtschaftskriminalität in diesem Buch thematisiert. Desweiteren werde ich darauf eingehen, wie sich mit Hilfe der Bonitätsprüfung unterschiedliche Ziele am Markt verfolgen lassen und wie die Bonitätsprüfung zukünftig an Bedeutung gewinnen wird vor dem Hintergrund eines sich ausweitenden Online-Handels bei gleichzeitig inflationsbedingter Zahlungsknappheit und Insolvenzen. Aus diesen Gründen ist die Bonitätsprüfung für jedes im Onlinehandel tätige Unternehmen von nicht zu unterschätzender Bedeutung.

1.2 Was steckt hinter dem Begriff?

Der Begriff „Bonität" bedeutet Kreditwürdigkeit und gibt Auskunft über die Zahlungskraft eines Kunden.

> **Definition Bonität**
> Bonität ist ein Indikator für Vertrauenswürdigkeit und Stabilität in finanziellen Angelegenheiten. Der Ausdruck hat seinen Ursprung im Lateinischen: „bonus" und bedeutet ins Deutsche übersetzt „gut" oder gemäß dem Begriff „bonitas" „Vortrefflichkeit".

Wie vortrefflich eine Person, eine Institution ist, ermittelt die sogenannte Bonitätsprüfung. Sie versucht mit Hilfe mathematischer Berechnungen und davon abgeleitet einem Ranking – auch Scoring genannt – Aussagen über die Zahlungskraft des beteiligten Vertragspartners zu treffen. Das heißt, ob dieser den angefragten Betrag für eine Ware oder Dienstleistung auch bezahlen kann. Schließlich wird ein Großteil der Güter im Online-Handel auf Rechnung an den Besteller verschickt. Doch nicht nur für eCommerce ist das wichtig, sondern auch bei der Vergabe von Bankkrediten. Dieses Buch wird sich vor allem auf den eCommerce im O2C-Prozess fokussieren. Der Vollständigkeit halber und um die Ausführungen im anschließenden Kapitel zur Geschichte der Bonitätsprüfung (siehe Abschn. 1.3) leichter zu verstehen, möchte ich hier kurz auf das Kreditgeschäft im Allgemeinen eingehen.

Ganz allgemein zeichnet sich ein Kreditgeschäft dadurch aus, dass eine Partei (Kreditnehmer oder auch Debitor genannt) die Leistung in einer Geschäftstransaktion erst zu einem späteren Zeitpunkt erbringt. Der Kreditgeber (Kreditor) tritt daher in Vorleistung und ist dem Risiko ausgesetzt, dass der Kreditnehmer seinen Verpflichtungen zu dem festgelegten, späteren Zeitpunkt zum Beispiel aufgrund fehlender liquider Mittel nicht nachkommt. Wird eine Kreditbeziehung eingegangen, spricht man von einer Kreditwürdigkeitsprüfung bzw. einer Bonitätsprüfung, Wird Kapital über den organisierten Kapitalmarkt (Börse) aufgenommen, so wird eine Prüfung zumeist extern über Ratingagenturen (siehe Abschn. 2.3) durchgeführt, entweder durch Beurteilung des Emittenten (Emittentenrating) oder einer einzelnen Anleihe (Emissionsrating).

Grundlage der Bonitätsprüfung sind die rechtlichen Verhältnisse – Kreditfähigkeit – sowie die persönlichen und wirtschaftlichen Verhältnisse – Kreditwürdigkeit – des Kunden bzw. Kreditnehmers. Darüber hinaus werden gesamtwirtschaftliche und branchenspezifische Bedingungen analysiert. Anhand dieser qualitativen und quantitativen Kriterien wird das zukünftige Zahlungspotenzial des Kunden errechnet. Basierend auf einem ausgeklügeltem Punktesystem und anhand eigener und zugekaufter Daten beispielsweise von Auskunfteien, auf die ich in Kap. 2 noch detaillierter eingehe.

1.3 Warum man begann, die Glaubwürdigkeit zu prüfen: Geschichtliches

„Willst du den Wert des Geldes kennenlernen, versuche, dir welches zu borgen", sagte schon Benjamin Franklin, einer der Gründerväter der Vereinigten Staaten. Franklin wusste, wovon er sprach: Während des Amerikanischen Unabhängigkeitskriegs ging er als Diplomat nach Paris und handelte Kredite aus, mit deren Hilfe die amerikanischen Kolonien einen Teil der Kriegskosten bestreiten konnten. Damals wie heute hing der Erfolg einer Kreditanfrage von der Bonität des Kreditnehmers ab. Von seiner Fähigkeit, die aufgenommenen Schulden zurückzahlen zu können und seiner Bereitschaft, das auch zu tun.

Dass Benjamin Franklins Mission von Erfolg gekrönt war, liegt vorwiegend an seiner persönlichen Vortrefflichkeit: Dank seiner Leistungen als Wissenschaftler, Erfinder und Schriftsteller und seinem diplomatischen Geschick eilte ihm ein ausgezeichneter Ruf voraus. Die Franzosen verehrten ihn geradezu, und durch sein Ansehen und seine Glaubwürdigkeit gelang es Franklin, das Vertrauen von Investoren und Kreditgebern zu gewinnen – obwohl die Kolonien selbst zu Beginn des Krieges keine etablierte Kreditwürdigkeit aufwiesen, da sie sich gerade erst von der britischen Herrschaft lösten. Die finanzielle Unterstützung Frankreichs trug dazu bei, dass die amerikanischen Revolutionäre den Krieg gegen Großbritannien gewannen. Der Amerikanische Unabhängigkeitskrieg war nicht der letzte Krieg, bei dem die Bonität der beteiligten Länder eine große Rolle spielte. Im Lauf der Geschichte fiel es kreditwürdigen Staaten leichter, Allianzen zu schmieden und sich zu günstigeren Konditionen Geld zu leihen, um ihre Kriege zu finanzieren. Daran hat sich bis heute nichts geändert.

Bonität muss nicht immer gleich eine Frage von Krieg und Frieden sein. Allerdings spielt sie bei Staaten genauso eine große Rolle wie bei Unternehmen oder im Privatbereich. Nur, wer als Person kreditwürdig ist, kann sich ein Haus kaufen, eine Wohnung mieten oder einen Handyvertrag abschließen. Nur, wer als Unternehmen kreditwürdig ist, kann das Vertrauen von Kunden und Geschäftspartnern gewinnen und langfristig am Markt bestehen. Falsche Einschätzungen der Kreditwürdigkeit können verheerende Folgen haben und von Firmenpleiten bis hin zu Weltwirtschaftskrisen führen. Deshalb ist die Prüfung der Bonität eines Kreditnehmers so wichtig.

1.3.1 Kreditwesen bedingt Bonitätsprüfung

Das Bedürfnis, sich über Zuverlässigkeit und Bonität eines Geschäftskontakts zu erkundigen, besteht seit Jahrtausenden und ist eng mit der Entwicklung des Kreditwesens verbunden. Schließlich gibt man einen Kredit nur jemandem, dem man vertrauen kann – das macht auch der lateinische Wortursprung deutlich:

> **Credere**
> Die Wortbedeutung von „Credere" bedeutet „glauben, vertrauen", während „creditum" das „auf Treu und Glauben Anvertraute" bezeichnet. Also Glaubwürdigkeit. Es ist ein Begriff, der vor allem auch in der Versicherungswirtschaft zum Einsatz kommt.

Schon 3000 vor Christus entstand im alten Mesopotamien ein geregeltes Banken- und Kreditwesen, das als Vorläufer moderner Finanzsysteme gelten kann, noch bevor sich Münzen als Zahlungsmittel etablierten. Zunächst waren dort Getreidekredite üblich: Viele Bauern hatten zwar Land, konnten sich aber das nötige Saatgut nicht leisten. Also liehen sie es sich, mussten es aber nach der Ernte zuzüglich Zinsen zurückgeben. Auch Silber wurde als Zahlungsmittel verwendet. Die Grundzüge des Kreditwesens entsprachen unseren modernen Regelungen und auch die mit ihm einhergehenden Erscheinungen wie Wucher, Bankrott und Bonitätsprüfungen kennen wir damals bis heute. Die Zinssätze waren mit mindestens 20 % recht hoch und spiegeln vermutlich ein ähnlich hohes Verlustrisiko der Kreditgeber wider, das trotz vorausgehender Bonitätsprüfungen nicht ganz beseitigt werden konnte. Bei Zahlungsrückständen wurde nicht lange gefackelt: Der Schuldner kam ins Gefängnis.

Etwa 700 vor Christus kamen die ersten geprägten Münzen auf, wobei jede Stadt ihr eigenes Geldsystem hatte und sich die Münzen von Ort zu

Ort unterschieden. Im antiken Griechenland entstand deshalb der Beruf des Münzprüfers und Geldwechslers. Weil die Geldwechsler ihre Transaktionen meist auf einfachen Tischen abwickelten, die auf Griechisch trápeza heißen, wurden sie Trapeziten genannt. Finanzgeschäfte galten als zweitklassig, deshalb waren sie ehemaligen Sklaven oder Fremden vorbehalten, die keinen Grundbesitz erwerben durften und somit vom Haupterwerbszweig im antiken Griechenland, der Landwirtschaft, ausgeschlossen waren. Eine weitere Aufgabe der Trapeziten war die Vergabe von Krediten. Auch hier war nur erfolgreich, wer die Bonität seiner Kunden gut einschätzen konnte.

> **Erster Bankier und Bonitätsprüfer – der frühere Sklave Pasion**
>
> Besondere Fähigkeiten werden in dieser Multifunktion dem ehemaligen Sklaven Pasion nachgesagt. Er gilt als erster Banker Europas oder gar der Welt. Wegen seiner außergewöhnlichen Verdienste und wohl auch aus Dankbarkeit verliehen ihm führende Politiker Athens das Bürgerrecht. Schließlich hatte er ihnen aus so mancher finanzieller Patsche geholfen. So stellte Pasion dem in Gelddingen weniger geschickten athenischen Staatsmann Timotheos einmal sogar Teppiche, Mäntel und Silbergeschirr zur Verfügung, damit der Politiker auswärtige Staatsgäste würdig empfangen konnte. 370 vor Christus starb Pasion als einer der reichsten Bürger des Stadtstaates (Madison 1974).
> Er hatte sich besser angestellt als sein Kollege Sosinomos: Dieser hatte dem Philosophen, Redner und Politiker Aischines für die Eröffnung einer Parfümerie ein Vermögen geliehen. Der Zinssatz von 36 % spiegelt das Risiko, das schließlich zu hoch war: Der Philosoph und Möchtegern-Parfümeur scheiterte und riss seinen Banker Sosinomos mit in den Bankrott.

Im Altertum spielte außerdem das Seedarlehen eine große Rolle: So wurden Kredite genannt, die seetüchtige Kaufmänner erhielten, um einen Seetransport und den Einkauf von Waren zu finanzieren. Rückzahlbar war das Darlehen mit hohem, nach der Dauer der Seefahrt berechnetem Zins, wenn die Ladung vollständig und unbeschadet am Zielhafen angelangt war. Wenn es nach dem griechischen Redner Demosthenes ging, war den Seehandelsleuten nicht recht zu trauen. Nach dem Motto „Kreditwürdigkeit ist gut, Kontrolle ist besser", schickten die Darlehensgeber deshalb einen Sklaven mit auf die Reise, um die Geschäfte zu überwachen.

Im alten Rom gab es private Kreditgeber, die „argentarii" genannt wurden und ähnliche Geschäfte wie die griechischen Trapeziten abwickelten. Es wird angenommen, dass auch sie Informationen über die Kreditwürdigkeit von potenziellen Schuldnern sammelten und bewerteten, um fundierte Entscheidungen über die Vergabe von Krediten zu treffen.

Im Mittelalter hatten all diejenigen, die sich Geld leihen mussten oder welches verleihen wollten, ein Problem: Geld gegen Zinsen zu verleihen, galt bei gläubigen Christen als Wucher und Wucherei war eine Todsünde. In nicht weniger als fünf Konzilen wurde Wucherei im 12. und 13. Jahrhundert streng verurteilt und mit Ketzerei gleichgestellt. Bildliche Darstellungen aus der Zeit zeigen den Wucherer, wie er von einer um seinen Hals hängenden, prall gefüllten Geldbörse in den Höllenschlund hinabgezogen wird. Gerade Kaufleute waren jedoch auf Kredite angewiesen: Sie mussten oft große Zahlungen im Voraus leisten und dann lange auf ihre Einkünfte warten. Aber warum sollten Geldgeber ihnen Geld leihen, wenn sie darauf keine Zinsen erheben durften? Wohnten die Kaufleute in Italien, hatten sie Glück, denn dort entwickelten sich im 13. Jahrhundert Banken, die Spar- und Kreditgeschäfte anboten. Einen seelenheilgefährdenden Kredit bekamen sie dort zwar auch nicht, wohl aber einen kirchlich erlaubten Wechsel. Wenn ein Kaufmann nun 1000 Fiorini benötigte – das war so viel Geld, dass man damit in Florenz einen kleinen Palazzo bauen oder 400 Ellen Damast kaufen konnte –, ging er zum Beispiel in ein Bankhaus der Medici. Was dort geschah, beschreibt Tim Parks (2007) in seinem Buch „Das Geld der Medici": Um seine 1000 Fiorini in Florenz zu bekommen, musste der Kaufmann versprechen, das Geld in London in Pfund Sterling zurückzuzahlen. Er stellte der Bank einen „cambiale" aus, wie ein Wechsel genannt wurde: „Im Jahre des Herrn 1417, am 15. Juni, in Florenz, 1000 fiorini. Zahle, wie es üblich ist, 1000 fiorini zum Kurs von 40 Pence pro fiorino an den von Giovanni de Medici und seinen Partnern ernannten Stellvertreter in London. Möge Christus Euch beschützen." Die Medici schickten den Wechsel mit einem Boten nach London, wo ein Geschäftspartner des Kaufmanns den Wechsel in drei Monaten einlöste und einem Korrespondenten der Medici-Bank 40.000 Pence oder 166 Pfund, 1 Shilling und 6 Pence bezahlte. Dieser Korrespondent der Medici-Bank suchte daraufhin einen Kunden, der ein Darlehen in derselben Höhe aufnehmen wollte und bereit war, es in drei Monaten in Fiorini zurückzuzahlen. Ein neuer Wechsel wurde ausgestellt, mit dem Unterschied, dass in London das Pfund mehr wert war: Dort kostete ein Fiorino nur 36 Pence. Die Bank erhielt also 40.000 Pence/36 Fiorini = 1111 Fiorini. Innerhalb von sechs Monaten machte die ursprüngliche Darlehensbank also elf Prozent Gewinn (Parks 2007).

Die Medici schlossen Hunderte solcher Geschäfte ab, wobei die auf dem Wechsel angegebene Währung im Ausstellungsland immer einen geringen Prozentsatz mehr Wert besaß. Das war das Erfolgsgeheimnis der Banker. Zwar schwankten die Kurse, es gab deshalb ein theoretisches Verlustrisiko. Historiker stellten jedoch fest, dass die Medici bei 67 untersuchten Wechselgeschäften nur bei einem einen Verlust einfuhren – alle anderen bescherten ihnen satte Gewinne.

Dabei hätten sich die Medici „nicht im Traum auf Geschäfte mit jemandem eingelassen, dessen Kreditwürdigkeit nicht gesichert war – es sei denn, es handelte sich um einen Fürsten oder den Papst.", schreibt Tim Parks (2007) weiter. Tatsächlich waren es paradoxerweise vorwiegend die Päpste, deren Vermögen die Medici vermehrten und dadurch sich selbst reich machten – in erster Linie mit „theologisch einwandfreien" Wechselgeschäften. Erst im 17. Jahrhundert hob die katholische Kirche das Zinsverbot auf.

Bis zur Renaissance traten dann vor allem die Könige Europas als Kreditnehmer auf. Nicht immer war ihre Bonität gut: Ihre Kriege und ihre mangelnde Haushaltsdisziplin führten regelmäßig zum Bankrott der Königshäuser – und damit auch zum Bankrott ihrer Finanziers. Doch wer einem König einen Kredit abschlug, lief nicht selten in Gefahr, den Kopf zu verlieren – wortwörtlich –, das hatten bereits die Medici erkannt. Also war die Bonität hier nicht das entscheidende Kriterium bei der Kreditvergabe. Das hatte weitreichende Auswirkungen: Historiker betrachten den sechsfachen Bankrott der spanischen Krone innerhalb von 100 Jahren – im Zeitraum 1557 bis 1647 – als einen Mitgrund für den Zusammenbruch des Fugger-Imperiums. Auch die absolutistischen Herrscher Frankreichs legten regelmäßige Staatsbankrotts hin und ruinierten damit die italienischen Banken. Das einfache Volk dagegen war Geldleihern ausgeliefert, die häufig horrende Zinssätze verlangten.

Informationen über die Bonität der Geschäftspartner waren seit jeher besonders für Händler wichtig. Zur Blütezeit des Levantehandels mit dem Morgenland im 15. und 16. Jahrhundert gab es in Venedig den „Rat der Zehn", in dem sich die politische Macht der Republik konzentrierte. Er verfügte bereits über eine Liste unzuverlässiger und insolventer Kaufleute, um Risiken im Handel zu minimieren. Wer nicht in dem Verzeichnis stand, galt bis zum Beweis des Gegenteils als solvent.

Die Fugger wiederum begnügten sich nicht mit Listen. Ab dem 15. Jahrhundert errichtete die Augsburger Kaufmannsfamilie den ersten multinationalen Konzern der Wirtschaftsgeschichte (Günther 2021). Einst einfache Weber, waren sie durch vorteilhafte Eheschließungen und den Baumwollhandel mit Italien reich geworden. Nicht nur im Handel und der Montanwirtschaft hatten die Fugger im Laufe der Jahre zeitweise eine Monopolstellung inne. Sie traten vor allem auch als Finanziers des Vatikans und der Habsburger in Erscheinung. Jakob Fugger, nicht umsonst „der Reiche" genannt, beeinflusste die europäische Politik, „kaufte" sich zwei Kaiser und stieg zum Global Player auf.

Jacob Fugger, der erste Global Player
Jacob Fuggers Erfolg beruhte nicht zuletzt auf seinem ausgeklügelten Informations- und Kommunikationsnetz, das ganz Europa umspannte. Das Zentrum seiner Informationsbörse lag in Augsburg. *In der Stadt am Lech lebten nicht nur die Fugger, sondern auch die Höchstetter und Welser. Alle drei Handelsgeschlechter finanzierten die Herrscher verschiedener europäischer Staaten und gründeten in ganz Europa Außenstellen.* Jakob Fugger verfügte über 30 dieser so genannten Faktoreien. Von den Faktoreien aus versorgten ihn seine Angestellten und bezahlten Agenten mit wichtigen Nachrichten über Finanztransaktionen, Wechselgeschäfte, Kurse, bargeldlose Überweisungen und auch über politische und wirtschaftliche Entwicklungen, sogar aus Übersee. Somit kann Augsburg zu der Zeit als Wall Street und Londoner Banking District in einem angesehen werden. Ihre handschriftlichen Notizen wurden „Fuggerzeitungen" genannt (Balsinger und Werner 2016). Um an die wertvollen Informationen zu kommen, nutzte Jakob Fugger Boten, sehr teure Sonderboten und die Taxis-Post, die einen regelmäßigen Brieftransport zwischen Tirol und den Niederlanden betrieb (vgl. auch www.fugger.de, abgerufen September 2023), Damit hatte Jakob der Reiche einen eigenen Nachrichtendienst, der als Vorläufer von Nachrichtenagenturen wie Reuters oder Bloomberg gesehen werden kann. Seinen Informationsvorsprung nutzte er manchmal auch zur Kundenpflege, vor allem aber für seine eigenen Geschäfte. So erfuhr er etwa früher als andere Handelshäuser, dass Schiffe aus England anders als erwartet doch kein Gold an Bord hatten. Darauf-

hin zog er ein Darlehen zurück, dass ihn sonst möglicherweise ruiniert hätte (Eckert 2016). Besonders eilige Informationen übermittelten die Faktoreien mithilfe von Spiegeln. Angeblich dauerte es damit nur zwei Stunden, bis Informationen aus den Quecksilberbergwerken in Südspanien nach Augsburg gelangten (Balsinger und Werner 2016).

Informationen bedeuteten Macht, und diese nutzte Jakob Fugger gezielt, um Konkurrenten auszuschalten – zum Beispiel, indem er sie mit Falschinformationen versorgte und so manche von ihnen in den Bankrott trieb. Auch diejenigen, die in ihm den Erfinder der Wirtschaftsspionage sehen, haben nicht ganz unrecht. Das zeigt Jakob Fuggers Umgang mit der „Hanse", einer seit dem Mittelalter bestehenden Vereinigung seefahrender Kaufleute, die bis ins 15. Jahrhundert den Handel in Nordeuropa beherrschte. In Hansestädten wie Lübeck, Stettin, Danzig, Hamburg oder Breslau eröffnete Jakob Fugger Niederlassungen, allerdings unter vorgetäuschten Deckadressen. Dort stellte er Spione an, die für ihn die Geschäfte der Hanseleute auskundschafteten. Dank ihrer Informationen war es ihm möglich, in den norddeutschen Handel einzudringen und die Hanse regelrecht zu überrennen (Günther 2021).

Nicht nur mit dem Handel machte Jakob Fugger ein Vermögen, sondern auch mit Bankgeschäften und Krediten – die er sich nicht immer verzinsen ließ, wenn seine Schuldner einflussreiche Herzöge oder gar Könige wie die von England, Spanien, Portugal und Ungarn waren, die zu seinen ständigen Schuldnern zählten. Der verschwenderische und kriegslustige Erzherzog Sigismund von Tirol überließ Jakob im Gegenzug zu Krediten zum Beispiel seine ertragreichen Silberminen. Auch mit Ländereien oder zu seinen Gunsten geänderten Gesetzen wurde Jakob gerne belohnt im Gegenzug dafür, dass er die Kriege und Angestellten der Könige und Kaiser finanzierte. Den bei ihm verschuldeten Habsburger Maximilian I. machte er ebenso zum Kaiser wie seinen Nachfolger Carlos, Herzog von Burgund und König von Spanien, der dank Fuggers Bestechungssumme von mehr als 500.000 Gold-Gulden von den gierigen Kurfürsten des Reiches zu Kaiser Karl V. gewählt wurde (Balsinger und Werner 2016). Aus Dank darüber sorgte Karl V. unter anderem dafür, dass eine Klage gegen Jakob Fugger wegen Monopolvergehen fallen gelassen wurde.

Auch die Geschäfte mit dem Vatikan ließen die Kasse der Fugger klingeln. Sie prägten das römische und päpstliche Münzgeld und finanzierten so manche Extravaganz wie die neue Kuppel der Peterskirche, die zwei Millionen Dukaten kosten sollte. Um das Geld aufzutreiben, forcierte die Kurie den Ablasshandel und einigte sich darauf, diesen mit der Fugger-Bank gemeinsam durchzuführen: Die Hälfte der Erträge bekam Rom, die andere floss nach Augsburg. Das Geschäft boomte, sogar Tote konnten posthum aus dem Fegefeuer freigekauft werden. „Sobald das Geld im Kasten klingt, die Seele aus dem Fegefeuer springt", versprach etwa der Ablasshändler und Dominikanermönch Johann Tetzel (Balsinger und Werner 2016).

Schon bald regte sich Widerstand gegen diese Praxis – besonders in Person des Augustinermönchs Martin Luther, der den Ablasshandel verdammte. „Man müsste wirklich dem Fugger und dergleichen Gesellschaft einen Zaum ins Maul legen", wetterte er (Balsinger und Werner 2016). Auch beim einfachen Volk waren die Fugger nicht wohlgelitten. Im Volksmund wurden Taschendiebe oder Geizhälse als „Fugger" bezeichnet, „fuggern" bedeutete betrügen (Günther 2021). Anfang des 16. Jahrhundert stand der Fugger-Konzern zwar auf dem Höhepunkt seines Erfolgs, aber ganz unten im Beliebtheitsranking. Auf die Kritik reagierte Jakob Fugger, indem er in einer gelungenen PR-Aktion die Fuggerei bauen ließ, die erste Sozialsiedlung der Geschichte, in der unverschuldet in Not geratene Augsburger Bürger nahezu umsonst wohnen durften – wenn sie denn dreimal am Tag für das Seelenheil der Fuggerfamilie beteten.

Ob die Gebete erhört wurden, ist nicht überliefert – wohl aber, dass Jakob Fugger 2,1 Mio. Gulden vererbte, als er starb. Zum Vergleich: Eine Dienstmagd verdiente anderthalb Rheinische Gulden im Jahr, ein Schullehrer drei bis vier und ein fürstlicher Rat 80 bis 100 (vgl. auch www.fuggerbank.de, abgerufen September 2023).

Anhand seiner Wirtschaftskraft gilt Jakob Fugger heute als reichster Mensch aller Zeiten, denn sein Vermögen entsprach zu seinen Lebzeiten etwa zehn Prozent der Wirtschaftsleistung des Heiligen Römischen Reichs. Das Vermögen von Bill Gates, der jahrelang als reichster Mensch galt, entsprach dagegen nur 0,6 % der US-Wirtschaftsleistung (vgl. auch www.fugger.de abgerufen September 2023).

22 Jahre nach Jakobs Tod stellte sich heraus, dass die enge finanzielle Bindung an die europäischen Königshäuser ein Fehler gewesen war. Denn als das bei den Fuggern hoch verschuldete spanische Königshaus 1557 zahlungsunfähig wurde, riss es die Augsburger Unternehmerfamilie mit sich in den Abgrund und der Niedergang des Fugger-Imperiums nahm seinen Lauf (Günther 2021).

1.3.2 Die erste Auskunftei: Von der Mercantile Agency zu Dun & Bradstreet

In kleinstrukturierten Regionen und kleinen Städten kannten Kaufleute noch ihre Kunden, deren Wünsche und wirtschaftlichen Verhältnisse. Deshalb benötigten sie keine spezielle Auskunft zu ihrem Zahlungsverhalten. Doch je mehr im 19. Jahrhundert die industrielle Produktion wuchs und je größer sich die Entfernungen zwischen den Kaufleuten und den Abnehmenden ausdehnte, desto brennender wurde das Kreditproblem – so auch heute beim anonymen Blindflug, 24/7, im Online-Handel. Aber zurück zu den Anfängen der Industrialisierung: Wie sollte ein Geschäftsmann abschätzen, ob er für seine Produkte und Leistungen bezahlt werden würde, wenn seine Kunden weit entfernt lebten und er nichts über sie wusste? Wie konnten sich Unternehmen sicher sein, dass ein neuer Lieferant oder ein anderer Betrieb zuverlässig waren? Um die Risiken für Geschäftsleute zu jener Zeit zu minimieren und eine zuverlässige Informationsquelle über die Zahlungsfähigkeit und -moral von Unternehmen und Privatleuten zu schaffen, wurden im 19. Jahrhundert in mehreren Ländern Auskunfteien gegründet.

Die erste entstand 1841 in den USA: Der Abolitionist[2] und Seidenhändler Lewis Tappan hatte selbst mit mangelnden Informationen über seine Geschäftspartner und Kunden zu kämpfen und begann, systematisch Daten über ihren Charakter und ihre Kreditwürdigkeit zu sammeln. Bald suchten andere Händler bei Tappan Rat und dieser ließ sich seine Auskünfte bezahlen: Die „Mercantile Agency" war geboren. Tappan nutzte sein landesweites Netzwerk aus Sklaverei-Gegnern und installierte über alle Bundesstaaten hinweg Korrespondenten, die die Mercantile Agency mit aktuellen Informationen zu Beruf, Vermögen und Geschäftsstatus der Einwohner ihrer Gemeinden belieferten. Zusätzlich enthielten die Berichte meist Angaben zum Familienstand, dem ethnischen und familiären Hintergrund, dem Alter, früheren Wohnorten und Charaktereigenschaften, wobei besonderes Augenmerk auf Anschuldigungen wie Untreue oder Alkoholmissbrauch gelegt wurde. Der Bericht über einen Trockenwarenhändler aus Cincinatti von 1846 ist typisch für die Anfänge der Auskunfteien:

„A self-Made man, age ab[ou]t 50, marr[ie]d, mem[ber] of Ch[urch] & in bus[iness] n[ea]r 20 y[ea]rs, owns R[eal] E[state] w[orth] $ 20 m unincumb[ere]d, tho[ugh]t to be a g[oo]d bus[iness] man, maintains his standing, in g[oo]d cr[edit], & consid[ere]d g[oo]d." (Madison 1974).

Zehn Jahre nach ihrer Gründung beschäftigte die Mercantile Agency 2000 Kreditberichterstatter. Gleich vier spätere US-Präsidenten übten die-

---

[2] Ein Abolitionist ist jemand, der Anhänger der Bewegung zur Abschaffung der Sklaverei ist.

sen Beruf aus: Lewis Tappan engagierte einen jungen Anwalt aus Illinois namens Abraham Lincoln und den Ladenbesitzer Ulysses S. Grant. Auch Grover Cleveland und William McKinley sollen für Benjamin Douglass gearbeitet haben, der die Mercantile Agency 1849 übernahm und zehn Jahre danach an seinen Schwager Robert Graham Dunn weitergab. Unter dem neuen Firmennamen R. G. Dun & Company expandierte das Unternehmen in die ganze Welt und fusionierte 1933 mit der Auskunftei von John M. Bradstreet. Heute ist Dun & Bradstreet mit 135.000 Kunden ein globaler führender Anbieter von Unternehmensdaten und Analyselösungen.

Die Anfangszeit war indes nicht immer leicht. Kurz nach ihrer Gründung warfen Kritiker der Auskunftei vor, ein schändliches Spionagesystem zu unterhalten, das einer geheimen Inquisition gleiche. Die Sammlung von Namen und vorgetäuschten Daten in den Agenturbüchern sei das Ergebnis zufälliger Geheimdienstbeiträge der unbeliebtesten Männer ihrer Gemeinschaft und gleichzeitig derjenigen mit der geringsten Selbstachtung. Tatsächlich waren zu Beginn ihrer Geschäftstätigkeit die schlecht bezahlten Teilzeit-Korrespondenten die größte Schwäche der US-Auskunfteien, denn sie verließen sich vor allem auf ihre persönlichen Erfahrungen und allgemeines Wissen. Dabei wurden sie von Klatsch, Gerüchten und persönlichen Vorurteilen beeinflusst. In den ersten fünfzig Jahren ihrer Existenz professionalisierten sich die Agenturen: Nach und nach setzten sie speziell ausgebildete Vollzeit-Korrespondenten ein und systematisierten ihre Methoden der Informationsbeschaffung. Die Kreditberichterstatter führten Interviews mit den Geschäftsleuten selbst, anstatt auf Hörensagen zu vertrauen. Außerdem führten sie vorgedruckte Finanzberichte ein, die die Geschäftsleute ausfüllen und unterzeichnen konnten. Diese Finanzberichte verbesserten die Qualität der Informationen erheblich, besonders, nachdem US-Gerichte in den 1880er-Jahren entschieden hatten, dass ein Geschäftsmann des Betrugs angeklagt werden konnte, wenn er Kreditberichterstattern falsche Auskünfte gab.

1.3.3 Auskunfteien in Europa

In Europa entstand die erste Auskunftei 1862 in Amsterdam: Der Firmengründer von Wys Muller veröffentlichte zuerst nicht eingelöste Wechsel und Namen von in Konkurs gegangenen Unternehmen in einer neuen Zeitschrift. Weil die Zeitschrift sofort erfolgreich war und der Bedarf an Wirtschaftsauskünften groß, rief er ein Abonnement-System für Auskünfte zu Privatpersonen und Unternehmen ins Leben.

In Österreich gründeten 40 Kaufleute und Industrielle 1870 den Kreditschutzverband KSV, der bis heute ein unabhängiger Gläubigerschutzverband ist und mehr als 30.000 freiwillige Mitglieder hat. Erst 1924 folgte der Alpenländische Kreditorenverband AKV, 1946 die Auskunftei Heiss, die im Jahr 2000 von Proinform übernommen wurde.

Carl Franz Wilhelm Schimmelpfeng war es, der 1872 die erste Auskunftei in Deutschland gründete. Der in Hersfeld geborene Schimmelpfeng entstammte einer hessischen Beamten- und Gelehrtenfamilie. Nach dem Abschluss des Gymnasiums absolvierte er eine kaufmännische Ausbildung und arbeitete im Anschluss als angestellter Kaufmann in Russland und Deutschland. 1872 rief er das „Auskunfts- und Kontrollbureau über geschäftliche, insbesondere Kreditverhältnisse" ins Leben, mit dem er Wirtschaftsdaten von Unternehmen sammelte und zur Auskunft bereitstellte. Damit wollte er den Geschäftsverkehr sichern und fördern: „Der Verständige steht in der rechtzeitigen, klugen Erkundigung eine Bürgschaft seines Erfolges eine, sichere Schutzwehr gegen Enttäuschungen und Nachteile aller Art", schrieb Schimmelpfeng 1895, zitiert in der Ausgabe des Magazins „Der Spiegel" 17 (o. V. 1970).

Seine Dienste waren so gefragt, dass er in zahlreichen deutschen Städten und bald auch im europäischen Ausland Filialen eröffnete: 1886 in Wien, 1888 in Paris und London, 1890 in Amsterdam und 1906 in Sankt Petersburg. Systematisch baute Schimmelpfeng seine Auskunftei zu einem internationalen Unternehmen mit weitverzweigtem Korrespondenten- und Filialnetz und einem umfangreichen Auskunftsarchiv aus. 1889 benannte er sein Unternehmen in „Auskunftei Wilhelm Schimmelpfeng" um. Ein Jahr später schloss er während einer USA-Reise mit der US-amerikanischen „Bradstreet Company" ein Abkommen zur gegenseitigen Vertretung und konnte fortan weltweit Wirtschaftsauskünfte einholen und erteilen. Neben dem klassischen Geschäftsbereich der Krediterkundigung bot die Auskunftei auch Inkassodienste und Marktforschung an. Als Schimmelpfeng 1907 die Auskunftei an seine beiden Söhne Richard und Hans Adolf übergab, umfasste sie 49 Niederlassungen und 1750 Angestellte. Jahrzehntelang war die Auskunftei Wilhelm Schimmelpfeng die führende deutsche Wirtschaftsauskunftei, bis sie 1984 von der Dun & Bradstreet-Gruppe übernommen wurde. 1992 verschwand der Name Schimmelpfeng – bis 1999. Seither trägt zumindest der aus dem Unternehmen ausgegliederte Inkassodienst wieder den Namen des Gründers von Deutschlands erster Auskunftei.

Bekannter dürften hierzulande die Namen Creditreform, auch Crefo genannt, und Schufa sein. Creditreform wurde 1879 als „Verein Barzahlung Mainz" gegründet: Die 25 Gewerbetreibenden und Händler, die ihm angehörten, wollten keinem Kunden mehr Kredit geben, der Schulden bei einem Vereinsmitglied hatte. Fünf Monate nach Gründung wurde der Vereinsname in „Verein Creditreform zum Schutze gegen schädliches Creditgeben" geändert und die Ziele des Vereins konkretisiert: Die Mitglieder sollten vor einem Missbrauch von Krediten geschützt und beim Einzug von Außenständen unterstützt werden. Im Zentrum stand jedoch eine sichere Auskunftserteilung durch ein Netzwerk mit anderen Kreditvereinen nach dem Gegenseitigkeitsprinzip. Ein Unternehmen ist bis heute nicht Kunde bei Creditreform, sondern Mitglied bei einem der 129 regionalen Creditreform-Vereine. Seit 1928 umfasst die Auskunft Angaben zum Jahresumsatz, der Kapitalausstattung, der Anzahl der Beschäftigten und Bilanzkennzahlen, um Gewerbetreibenden und Unternehmen eine Prüfung der Bonität zu ermöglichen. Nach eigenen Angaben verfügt die Creditreform über die weltweit größte Datenbank deutscher Unternehmen und ist auch außerhalb Deutschlands vertreten. Auch das Sammeln von Daten über Privatpersonen gehört zum Geschäftsmodell.

Daten über Privatpersonen zu sammeln, ist das Kerngeschäft der wohl bekanntesten und gefürchtetsten deutschen Auskunftei: Die Schufa wurde 1927 als „Schutzgemeinschaft für Absatzfinanzierung" ins Leben gerufen. Sie entstand aus der Berliner Städtischen Elektrizitäts-Aktiengesellschaft (BEWAG), die in den 1920er-Jahren neben dem Hauptprodukt Strom auch auf Raten finanzierte Haushaltsgeräte verkaufte. Das Unternehmen führte schon damals eine Statistik über das Zahlungsverhalten seiner Kunden und Haushaltsgeräte bekamen nur diejenigen, die regelmäßig zahlten. Ihre guten Erfahrungen mit diesem Modell inspirierte leitende BEWAG-Mitarbeiter zur Gründung der Schufa, die heute mit fast einer Milliarde Einzeldaten zu knapp 70 Mio. natürlichen Personen und etwa sechs Millionen Unternehmen als größte deutsche Auskunftei gilt. Gespeichert werden von der Schufa neben dem persönlichen Schufa-Score (siehe Abschn. 2.3.1.2) Namen, Geburtsdatum und -ort, aktuelle und frühere

Anschriften sowie Informationen zu Bankkonten, Kreditkarten, Leasingverträgen, Versandhandelskonten, Ratenzahlungsgeschäften und Angaben zu Krediten oder Bürgschaften. Auch Daten zu nicht vertragsgemäßem Verhalten (Zahlungsausfälle, durch eine Bank gekündigter Kredit) werden gesammelt. Seit 2000 ist die Schufa eine Aktiengesellschaft. Ihre Anteile werden jedoch nicht an der Börse gehandelt. Anteilseigner sind zum Beispiel Genossenschaftsbanken, Sparkassen sowie Unternehmen aus der Finanzbranche und aus dem Handel.

1.3.4 Technologie verändert das Geschäft: Vom handgeschriebenen Brief zum Scoring per Mausklick

Über alle Länder hinweg war es der technologische Fortschritt, der die Arbeitsweise der Auskunfteien am rasantesten veränderte und auch die Qualität ihrer Berichte erhöhte. Mitte des 19. Jahrhunderts war die Nutzung von Telegrafen, mit denen dringende Berichte zum Beispiel über den Konkurs großer Händler über das Land geschickt werden konnten, sehr teuer. Eine ungleich größere Wirkung entfaltete im Auskunftei-Geschäft die Erfindung von Schreibmaschinen. In der US-amerikanischen Auskunftei Dun musste der anfragende Interessent im zuständigen regionalen Büro anrufen, woraufhin ein Sachbearbeiter ihm den gewünschten Bericht vorlas. Oder der Interessent erhielt einen kalligrafisch mit der Feder verfassten Bericht, der wegen des hohen Zeitaufwands nicht immer sehr ausführlich gehalten war, obwohl die Auskunftei sicherlich noch Interessantes hätte mitteilen können.

Mit der Einführung der Schreibmaschine änderte sich dies. In den USA war die Dun-Auskunftei eines der ersten Unternehmen, dass das Potenzial des neuen Schreibgeräts erkannte und 1874 hundert Stück des neuesten Remington-Modells orderte. Durch die Schreibmaschinen konnten die Agenturen Informationen schneller und effizienter verteilen: Kopien von Berichten anzufertigen war nun keine zeitraubende Angelegenheit mehr. Sie konnten ausführlicher gestaltet und problemlos an die Kunden oder die anderen Agenturbüros verschickt werden.

Rund hundert Jahre später, im Jahr 1970, gab es in Deutschland fast 450 Auskunfteien und Detekteien, die Unternehmen und dem Handel die jährlichen Milliardenverluste durch Betrüger und Bankrotteure ersparen oder zumindest vermindern sollten. Der Spiegel monierte in seinem Beitrag „Ohne Gewähr" aus dem Jahr 1970 jedoch, dass ihre Arbeit häufig nicht nur ins Detektivische, sondern nicht selten auch ins Dilletantische gehe: „Denn neben pensionierten Polizeibeamten und Majoren a. D. betreiben auch berufsmüde Buchhalter und Kaufmannsgehilfen das Geschäft. Um sich im Auskunfteigewerbe zu etablieren und die Bonität von Wirtschaftspartnern zu beurteilen, bedarf es weder fachlicher Qualifikation noch treuhänderischer Zuverlässigkeit. […] Mit einer geringen Anmeldegebühr ist jedermann dabei." (Der Spiegel, o. V. 1970) Dasselbe Problem also, das in den amerikanischen Auskunfteien hundert Jahre früher aktuell gewesen war. Wohl auch deshalb reichte die Qualität der deutschen Auskünfte nicht an die ihrer amerikanischen Kollegen heran: „Im Vergleich mit dem amerikanischen Auskunfteiwesen erweist sich die deutsche Zunft in der Tat als unterentwickelt", hieß es in dem Spiegel-Artikel weiter. Statt Zahlen lieferten die Deutschen gern Charakterurteile und Familiengeschichten – was aber auch daran liege, dass es deutsche Auskunftei-Rechercheure schwerer hätten als ihre amerikanischen Kollegen, wirtschaftlich bedeutsame Tatsachen aufzuspüren: „Industrieunternehmen, Händler und Banken geben den Auskunfteien kaum exakte Informationen über die eigene Vermögenslage oder die Kredithöhe ihrer Schuldner." (Der Spiegel, o. V. 1970). Die großen US-Auskunfteien schickten dagegen mindestens viermal jährlich reisende Angestellte durchs Land, um bei zahllosen Firmen die neuesten Daten und Bilanzen zu erkunden.

Die Umstellung auf elektronische Datenverarbeitung in den 80er- und 90er-Jahren und schließlich die Erfindung des Internets mit der einfachen Möglichkeit, Daten abzurufen und zu vernetzen, führten dazu, dass sich die Qualität der Auskünfte dies- und jenseits des Atlantiks anglich. Außerdem befeuerten die technologischen Umwälzungen den Markt: Heute gibt es eine Vielzahl neuer Arten der ehemals klassischen Wirtschaftsauskunft oder des Ausforschungsberichtes. Auch das Scoring, das Herzstück der Auskunftei-Arbeit, ist nun per Mausklick möglich, während es vor Jahren wegen der begrenzten Informationsquellen und des hohen technischen Aufwandes noch teuer und aufwändig war. Mit der erhöhten Verfügbarkeit von Informationen und auswertungsgeeigneter Informationstechnik wurde das Scoring von einer Exklusiv- zu einer Standardmaßnahme. Durch die automatisierten Verfahren kann zudem geringer qualifiziertes, also auch preiswerteres Personal eingesetzt werden, ohne dass hiermit eine signifikante Risikoerhöhung für das Unternehmen besteht. Überdies sind innerhalb des O2C-Prozesses, bei dem wir ja heute angelangt sind, unterschiedlichste Automatisierungsprozesse möglich. Sie ermöglichen einen schnellen Datenabgleich in Sekunden. Die einzelnen Verfahren hier aufzulisten, würde zu weit vom Thema abführen, gleichsam schaffen sie die Grundlage für eine schnelle wie treffsicherere Prüfung der Bonität des Kunden.

1.4 Wo setzt die Bonitätsprüfung beim O2C-Geschäft an?

Die Bonitätsprüfung im Online-Geschäft wird typischerweise durch die Bestellung ausgelöst (Abb. 1.1). Trifft man in seinem Warenkorb lediglich eine Auswahl, die man später wieder verwirft, leitet das noch keine Bestellung und folgerichtig keinen Bezahlvorgang ein und auch keine Bonitätsprüfung. Diese setzt im O2C-Geschäft erst an, wenn der Kunde zur Zahlart und der damit verbundenen Zahlung aufgefordert wird. Diesem Vorgang folgt logischerweise die personenbezogene Eingabe der Kontaktdaten im Webshop. Beim Absenden der Daten – meist mit dem Klick „bestellen" – beginnt das vorher definierte und hinterlegte Prüfverfahren. Es entscheidet anhand einer Vielzahl von Daten, ob der Kunde das Produkt auf Rechnung bestellen kann oder nicht – sofern er sich für diese Zahlart entschieden hat. Der durch die Auswertung der Daten ermittelte Score ist meist ein Zahlenwert, worauf wir im zweiten Kapitel in Abschn. 2.3.2.2 genauer eingehen. Er entscheidet über die Glaubwürdigkeit des Gegenübers und ob ihm das Produkt ohne Vorauszahlung geliefert wird. In dem hier anschließenden Schaubild habe ich den Prozess vereinfacht dargestellt. Er umfasst im Kern und sehr abstrahiert, wo die Bonitätsprüfung ansetzt.

Nachfolgend geht es um die Abläufe im Hintergrund, um das komplexe Zusammenspiel von Daten und mathematischen Formeln, deren Gewichtung nach einer bestimmten Logik konzertiert wird.

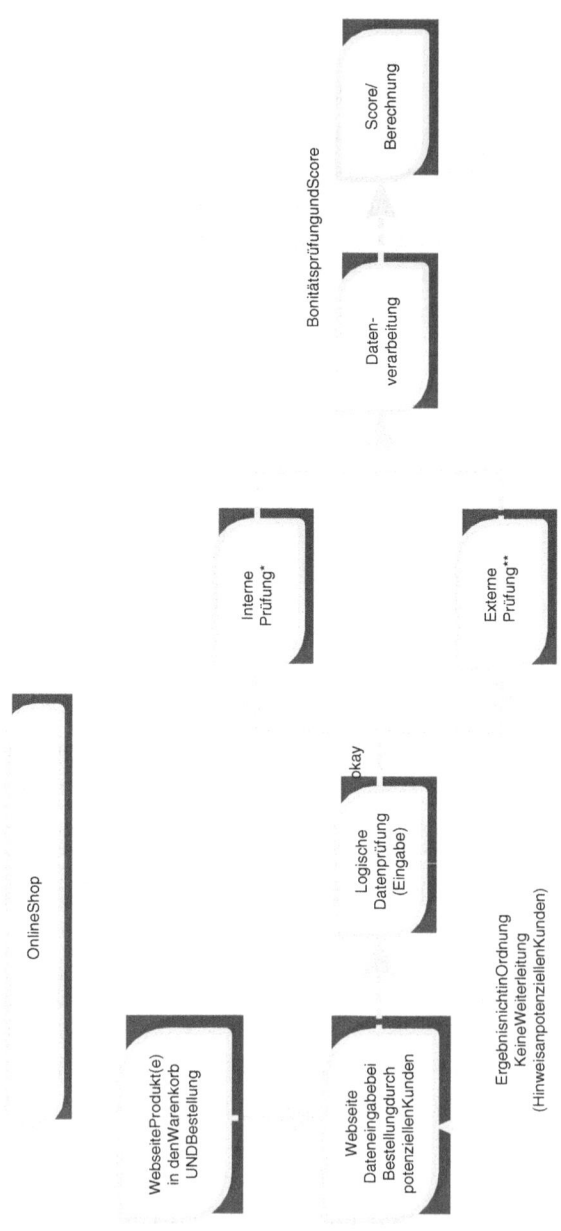

Abb. 1.1 Online-Shop: Bonitätsprüfung bis zur Score-Wert-Berechnung (eigene Darstellung). Hier sieht man, welche Schritte der Kunde in einem Online-Shop geht und ab wann die Bonitätsprüfung ins Spiel kommt: Sie erfolgt, sobald die Bestellung getätigt ist und die AGBs akzeptiert wurden

1.5 Daten und mathematische Formeln – die Bausteine

Daten – dieses Wort ist ein großer Trichter. Blickt man auf seine Entstehungsgeschichte zurück, geht es auf die Pluralbildung von „Datum" zurück, das aus dem Lateinischen abgeleitet von „dare", „geben" stammt. Substantiviert bedeutet es also „das Gegebene", mit dem in der deutschen Sprache etwas Konkretes, Gemessenes, ein präziser Wert zum Ausdruck gebracht wird. Und das sind von Fachbereich zu Fachbereich andere Informationen.

Abhängig vom jeweiligen Fachgebiet ordnet das Datenschutzrecht zum Beispiel dem Begriff vor allem personenbezogene Daten zu wie das Geburtsdatum oder den Wohnort, während für die Datenverarbeitung und die Wirtschaftsinformatik Daten als Werte und Symbole Relevanz besitzen. Sie stellen Informationen zum Zweck der Verarbeitung dar. In der Bonitätsprüfung sind beide Arten von Daten relevant, um auf ihrer Grundlage entsprechende Berechnungen vornehmen zu können.

Die traditionelle Bonitätsprüfung basiert auf qualitativen Kriterien wie Integrität und Marktchancen und auf quantitativen Kriterien wie Einkommenshöhe oder Ertragskraft bei B2B- und bei B2C-Kunden. Sie wird von Unternehmen berücksichtigt, wenn das Gegenüber entweder nicht sichtbar ist oder die Daten nicht aussagekräftig bzw. nicht mehr aktuell sind. Etwa, wenn Zahlen fehlen, die eine Sicherheit über die Begleichung der vereinbarten Kreditsumme garantieren wie zu erwartende Umsätze oder Einkünfte oder Zahlungen.

Mit einer Bonitätsprüfung wird skaliert, inwieweit jemand bonitätsfähig ist und wann der Kreditgeber mit einem Zahlungseingang rechnen kann. Dies kann Einfluss auf die eigene Liquiditätsplanung haben und es gilt möglicherweise, verzögerte Zahlungen vorzufinanzieren.

Die Auswahl der dafür notwendigen Kriterien ebenso wie ihre Gewichtung nimmt der entsprechende Beurteiler oder Bonitätsprüfer vor. Welche das sind, ist von Firma zu Firma unterschiedlich, wenngleich die Gewichtung der Kriterien fast immer nach einem ähnlichen Raster erfolgt. Die für die Bonitätsprüfung erforderlichen Systeme werden auf definierten Kriterien aufgebaut, die unterschiedlich kategorisieren und Regeln für das Prüfverfahren liefern. Sie berücksichtigen zum Beispiel, dass ein Kunde in Norddeutschland anders gerankt wird als ein Kunde in Süddeutschland, was mit der unterschiedlichen Ertragskraft der Bundesländer zusammenhängt. Gleichzeitig ist jemand, der aus Bayern stammt, nicht von vornherein kreditwürdig, auch gilt eine verheiratete Person nicht von vornherein als kreditwürdiger als ein Single. Aber eher. Selbst ein Mann mit Schuhgröße 46 kann anders bewertet werden als einer mit Schuhgröße 45 … All diese Daten sind nach bestimmten Kriterien zu gewichten und sagen einzeln nichts aus, jedoch in Summe zeigen sie Muster und Verhalten auf, aus denen in der Vergangenheit positive und negative Erfahrungen gemacht wurden. Diese geben ein Indiz für eine weitere Vorgehensweise im O2C-Prozess.

Manche Firmen erstellen diese nicht selbst, sondern greifen auf entsprechende Anbieter zurück, die Kreditwürdigkeiten von Personen und / oder Firmen zur Verfügung stellen, welche sie bereits abgeprüft haben.

Beispiel-Unternehmen: A, B, C

Solche Unternehmen, sagen wir zu dieser Firma zum Beispiel Firma A – da ich im Laufe des Buches immer wieder mal auf sie zurückkommen möchte – also Firma A macht das, weil ihr diese Informationen für ihr Geschäftsmodell ausreichend erscheinen. Sie lässt ihre Risikoeinstufung also durch standardisierte Ratingsysteme vornehmen. Neben den externen Ratings von speziellen Ratingagenturen gibt es auch interne Ratings. Bei ihnen kommen zusätzlich unternehmenseigene Bewertungssysteme zum Tragen. Dieser Gegenpart – ich nenne ihn Musterbeispiel Firma B – arbeitet mit einem anderen ausgeklügelten System. Firma A hat auch ein System, doch kann das von Firma B durch ein eigenes Rating, welches ein Bonitätsprüfer aufbaut, mit einem eigenen Score dahinter, kompletter sein, und wesentlich mehr sowie aktuellere Daten haben als in der vorherigen Variante. Und wieder andere Unternehmen – nennen wir sie diesmal Firma C – arbeiten ohne Bonitätsprüfung. Sie bedienen sich Zahlungsmöglichkeiten, die keinen Lieferantenkredit erfordern bzw. lagern das Risiko auf einen anderen Dienstleister aus. Allerdings geht der Trend beim Kauf auf Rechnung, ganz klar auf hinterlegte Systeme, anhand derer Kunden auf ihre Kaufkraft hin geprüft werden.

Ob ein Kunde dann den Zuschlag erhält und die Ware ausgehändigt oder geliefert bekommt, entscheidet eine vergleichende Bewertung des Systems. Um bei dieser doch sehr entscheidenden Maßnahme eine hohe

Objektivität zu gewährleisten, geschieht das auf Basis mathematisch-statistischer Methoden. Dazu zählen insbesondere die Diskriminanzanalyse, verschiedene Credit-Scoring-Verfahren, das sind Verfahren, die auf bestimmte Kriterien Punkte verteilen, um so eine Risikoeinschätzung abgeben zu können, sowie eine Analyse mithilfe künstlicher neuronaler Netze. All diese Methoden beschreibe ich in Abschn. 2.3 näher.

Voraussetzung jedes mathematisch-statistischen Scorings ist eine ausreichend große Datenmenge, die analysiert werden kann, und die Wissenschaftlichkeit der Berechnung (zum Beispiel Faktoren-, Cluster- oder Diskriminanzanalysen) gewährleistet (Ronellenfitsch 2003). Die Wissenschaftlichkeit kann von Datenschutzaufsichtsbehörden nach § 38 BDSG in Frage gestellt und gegengecheckt werden. Da zumeist nicht die Kompetenz vorhanden ist, nehmen Aufsichtsbehörden gerne wissenschaftliche Unterstützung in Anspruch. So wurde beispielsweise die Entwicklung von Score-Karten mit Hilfe logistischer Regressionsmodelle von Seiten der Aufsichtsbehörden anerkannt, weil diesen – anders als etwa der Einsatz neuronaler Netze – kein „Blackbox-Charakter" zukommt (Urbatsch 2005). Das bedeutet, dass die Daten nicht öffentlich für jeden zugänglich sind und in jedem Unternehmen, das eine Bonitätsprüfung durchführt, gesondert (verschlüsselt) gespeichert werden.

> **Skepsis verringern**
>
> Rating-Unternehmen können die Skepsis bezüglich der von ihnen eingesetzten Verfahren dadurch verringern, dass sie ihre Verfahrensweise öffentlich darstellen und dadurch der öffentlichen Kritik aussetzen.[3] Wer selbst wissen möchte, wie seine Bonität eingestuft wird, kann mit Auskunft gebenden Rating-Unternehmen in eine Finanzkommunikation eintreten.

Da die mathematisch-statistische Relevanz von Merkmalen sich auf Grund gesellschaftlicher Entwicklungen dauernd ändert, müssen auch die Scoring-Methoden permanent auf ihre Validität hin überprüft und angepasst werden (siehe Abschn. 3.1.2). Somit gilt es, die Verfahren zur

---

[3] Ronellenfitsch (2003).

Bonitätsprüfung kontinuierlich zu verbessern, um Forderungsausfälle weiter zu reduzieren, sodass das eigene Unternehmen von Insolvenzen der Schuldner nach Möglichkeit nicht durch Umsatz- und Gewinneinbußen bis hin zur eigenen Zahlungsunfähigkeit betroffen sind (Mengelkamp 2010).

Auch durch Insolvenzen verursachte Schadenssummen werden steigen, was zeigt, dass die gegenwärtigen Verfahren in diesen Fällen nicht ausreichen, um Gläubigern rechtzeitig Informationen über Zahlungsschwierigkeiten von Schuldnern bereitzustellen (Mengelkamp 2010).

Um beispielsweise nicht auf Millionen-Verlusten sitzen zu bleiben ähnlich dem Banker Sosinomos im Altertum, reicht allein die Berechnung der Formeln nicht aus: Bei großen Summen, die Unternehmen anderen als Vorschuss auf deren Vortrefflichkeit hin zur Verfügung stellen, sollten in die Vergabe von derartigen Krediten mehr Informationen einfließen. Es sollten etwa Quartalszahlen, Sicherheiten, Abtretungen, Bürgen etc. und gegebenenfalls Teil- und Vorauszahlungen vereinbart werden, sofern das Ergebnis der Bonitätsprüfung dies erfordert.

Sofern die Kreditentscheidung komplexer wird, was bei Firmenkundenkrediten in der Regel der Fall ist, sollten die mathematisch-statistischen Verfahren, mit deren Hilfe die langfristige Liquidität in der Regel basierend auf Jahresabschlüssen gut prognostiziert werden kann, zumindest um die wissensbasierte Analyse kurzfristiger Informationen ergänzt werden (Schumann 2002). Das ist der Vorteil bei Firmenkunden. Im Gegensatz zu Privatperson als Kreditnehmern stehen bei Unternehmen rechtlich andere Daten als Grundlage der Bonitätsprüfung zur Verfügung, etwa eine Bilanz, eine betriebswirtschaftliche Auswertung oder ein Handelsregisterauszug. Schließlich ist es das Ziel einer Bonitäts-/Kreditwürdigkeitsprüfung, Störungen im Kreditverlauf entsprechend dem Risiko einzuschätzen, ob B2C oder B2B.

Neben all diesen wirtschaftlichen wie gesellschaftlichen Veränderungen und den Fortschritten in der Datenverarbeitungstechnologie stehen Unternehmen bei der Verarbeitung von Daten gerade im O2C-Bereich vor einigen Herausforderungen.

Drei Herausforderungen in Sachen Daten im O2C-Prozess
- **Herausforderung 1: Datenqualität.** Es ist wichtig, Datenquellen zu validieren und zu bereinigen, um inkonsistente und unvollständige

Daten auszuschließen, weil diese zu Fehlern und Verzögerungen im O2C-Prozess führen.
- **Herausforderung 2: Datenintegration.** In großen Unternehmen können Daten in verschiedenen Systemen gespeichert sein, was eine reibungslose Integration erschwert. Eine effektive Datenintegration ist jedoch entscheidend, um einen ganzheitlichen Überblick über den O2C-Prozess zu erhalten.
- **Herausforderung 3: Datensicherheit.** Der O2C-Prozess enthält sensible Kunden- und Finanzdaten. Daher müssen Unternehmen angemessene Sicherheitsmaßnahmen ergreifen, um Daten vor unbefugtem Zugriff und Manipulation zu schützen.

1.6 Wer macht die Bonitätsprüfung und warum?

Eine Bonitätsprüfung kann mit Hilfe von Expertenwissen oder mathematisch-statistischen Verfahren erfolgen. Beide Verfahren können zum Teil auch kombiniert werden.[4] Bei beiden Verfahren werden die Daten von vorher definierten Systemen mit Regeln und von Einzelnen oder Expertengruppen ausgewertet.

> **Beispiel-Unternehmen A**
>
> Unternehmen A zum Beispiel hat die bonitätsrelevanten Daten eingekauft und sie nicht aus eigenen Quellen bezogen. Dieses Datenmaterial gilt es nun, zu gewichten und daraus Entscheidungen abzuleiten, nach denen das System mit seinen hinterlegten Regeln in Zukunft bei der Vergabe von (Liefer)Krediten entscheidet.

In Unternehmen übernehmen diese Aufgabe ganze Abteilungen wie die Antragsprüfung, das Kreditmanagement oder die Bonitätsprüfungs-

---

[4] (Mengelkamp, Informationen zur Bonitätsprüfung auf Basis von Daten aus sozialen Medien, 2017, S. zitiert von Stegmann und Stein, E. 2000, 22 ff.).

abteilung. Sie erarbeiten Regeln, basierend auf verschiedenen Scoring-Modellen – ich gehe in Abschn. 3.3 ausführlich darauf ein –, anhand derer zukünftige Kreditentscheidungen getroffen werden. Egal, ob ein potenzieller Kunde oder ein bereits bestehender Debitor.

Debitor
Als Debitor (Schuldner) wird jemand in der Fachsprache der Bonitätsprüfung oder allgemein innerhalb des Finanzwesens bezeichnet, der Ware und/oder eine Dienstleistung von einem Lieferanten auf Kredit bezogen hat. Diese Ware und/oder Dienstleistung wechselt dann den Besitzer.

Wird ein externer Bonitätsprüfer von einem Unternehmen bestellt, ist er in seiner Funktion oftmals ein Credit Manager. Er kennt sich mit Betrug (Fraud) aus und hat ausgeprägte analytische Fähigkeiten. Ich selbst war kaufmännischer Angestellter und kam über den Debitorenbereich in der Buchhaltung zum Mahnwesen. Dort ging es im Wesentlichen um offene Posten und Forderungen und in dieser Funktion habe ich mit Rechtsanwälten und -kanzleien, später mit Inkassobüros zusammengearbeitet. Im Zuge von Forderungsausfällen, die gegen Ende des Prozesses entstehen, stellte sich mir und vielen anderen die Frage: „Wie könnte man vorbeugen und diese ganz vorne im Kaufprozess installieren?" So kam ich als Liebhaber von Zahlen zur Bonitätsprüfung und arbeite nun seit nahezu 20 Jahren in diesem Bereich. Auch habe ich oft die Aufgaben eines Creditmanagers wahrgenommen und im Laufe der Jahre Systeme in verschiedenen Firmen implementiert bzw. optimiert.

Vor allem CFOs bzw. Finanzvorstände berufen einen Bonitätsprüfer ins Unternehmen, weil seine Dienstleistung überwiegend im Bereich Finance angesiedelt ist, gelegentlich ist dieser auch in der Vertriebsabteilung, abhängig davon, welche Bonitäts- und strategischen Ziele eine Prüfung verfolgen soll. Denn auch da gibt es, wie wir in Abschn. 3.1.1 noch sehen werden, unterschiedliche Herausforderungen und Motive, warum ein Bonitätsprüfer engagiert wird. In den meisten Fällen geht nicht nur der Umsatz aufgrund von Zahlungsausfüllen verloren, sondern dies zeigt eine direkte negative Wirkung in der Gewinn- und Verlustrechnung (G&V). Der Experte soll dann herausfinden, welchen Optimierungsbedarf oder sogar welche Lecks es im Prozessablauf im O2C und innerhalb der Bonitätsprüfung gibt, damit in Zukunft weniger Umsatz in diesem Prozessschritt verloren geht. Die genauen Gründe, warum das passiert, sind vielseitig.

Drei wichtige Gründe, warum Umsatz und Gewinn verloren gehen
1. **Grund:** Der Bonitätsbetrug wird nicht wahrgenommen. Viele Unternehmen bemerken erstmal nicht, dass sie Betrügern (zu englisch: Fraud) aufgesessen sind, weil Letztere die Bonitätsprüfung geschickt umgehen und austricksen.
2. **Grund:** Die Datenbank bzw. die Datenbasis und die daraus folgenden Regeln werden nicht gemonitort oder sie werden nicht aktuell gehalten.
3. **Grund:** Umsätze werden überbemessen. Das heißt, dass zu Grunde liegende, geplante Kalkulationen hinsichtlich der Bestellungen von der Realität abweichen oder dieser nicht entsprechen, sodass zum Beispiel schnell noch mehr verkauft werden muss, um unter Umständen bestimmte Quartals- und/oder Jahresziele zu erreichen – ein häufiges Phänomen im B2B-Geschäft.

Zusammenfassung: Bonitätsprüfung

- Bonität ist die Fähigkeit und der Wille, einen Kredit bzw. Leistungen, die im Vorfeld erbracht oder geliefert wurden, zurückzuzahlen bzw. zu begleichen.
- Die Bonitätsprüfung wurde notwendig, als man in der Geschichte der Menschheit begann, Geld zu (ver)leihen. Sei es, um Kriege gegen andere Könige oder Nationen zu führen oder im Privatwesen finanzielle Engpässe oder den Aufbau eines Geschäfts zu finanzieren. Sie diente bereits im Altertum dem Kreditor als Schutz vor einem Bankrott.
- Eine Bonitätsprüfung wird umso wichtiger, je weniger sich Kreditgeber und Kreditnehmer kennen, insbesondere, wenn Kreditoren in Vorleistung gehen und sogenannte (Liefer)Kredite oder überhaupt einen Kredit vergeben – oder wenn ein Unternehmen vor dem Gang an die Börse zu bewerten ist.

- Im Order2Cash-Prozess, wenn Produkte ohne Sofortbezahlung den Besitzer wechseln, ist die Bonitätsprüfung bei Online-Händlern oftmals Standard.
- Eine Bonitätsprüfung basiert auf internen und/oder externen Daten, die mit Hilfe mathematischer Formeln bewertet werden. Auf dieser Grundlage werden Regeln abgeleitet, nach denen das Verfahren potenzielle Kunden auf deren Solvenz hin prüft. Dabei stehen Unternehmen vor den drei Herausforderungen Datenqualität, Datenintegration, Datensicherheit.
- Meist werden die Berechnungen von Experten vorgenommen, in der Regel von Creditmanagern, die sehr analytisch denken und Zahlen lieben. In größeren Unternehmen kümmern sich darum entsprechende Abteilungen mit Hilfe externer Dienstleister.

Literatur

Balsinger, Peter, Werner, B. Frank (Hrsg.), 2016. *Die Erfolgsgeheimnisse der Börsenmillionäre. Vom Einstein der Börse bis zum König der Spekulanten.* München, FinanzBuchverlag, 2016.

Eckert, Daniel, 2016. *So wurde Fugger zum reichsten Menschen der Geschichte.* www.welt.de/wirtschaft/article155974825/So-wurde-Fugger-zum-reichsten-Menschen-der-Geschichte.html (abgerufen September 2023).

Ehmig, Ulrike, 2014. *Werbung oder Konsequenzen aus den Risiken bei Seetransporten? Zur Funktion von Tituli picti auf römischen Amphoren im Kontext von Seedarlehen. S. 93. In: Fleur Kemmers, Thomas Maurer, Britta Rabe: Lege Artis. S. 85–98.* https://hcommons.org/app/uploads/sites/1001606/2019/12/062_Werbung-oder-Konsequenzen-aus-den-Risiken-bei-Seetransporten.pdf, Bonn, Verlag Dr. Rudolf Habelt (abgerufen Juli 2023).

Günther, Carsten, 2021. *Die Fugger – die ersten „Global Player" der Geschichte,* www.planet-wissen.de/gesellschaft/wirtschaft/globaler_handel/globaler-handel-fugger-100.html (abgerufen September 2023).

Kampmann, Ursula, o. D. *Kredit, eine Todsünde? Theologisch einwandfreie Geldgeschäfte von London bis Florenz dank Etablierung des Wechsels durch die Medici im 14. Jahrhundert.* https://www.moneymuseum.com/de/archiv/kredit-eine-todsuende--325?&slbox=true (abgerufen Juni 2023).

Kulke, Ulli, 29.06.2011. *Die Griechen erfanden den Kredit – mit 36 Prozent.* www.welt.de/kultur/history/article13453125/Die-Griechen-erfanden-den-Kredit-mit-36-Prozent.html. Berlin, Axel Springer (abgerufen Juni 2023).

La Goff, Jacques, 2008. *Wucherzins und Höllenqualen. Ökonomie und Religion im Mittelalter.* Stuttgart, Klett-Cotta.

Madison, J. 1974. *The Evolution of Commercial Credit Reporting Agencies in Nineteenth-Century America. Business History Review*, Dun Credit Ledgers, Ohio, Vol. 78, S. 59, Dun & Bradstreet Collection.

Mengelkamp, Johannes, 2010. *Informationen zur Bonitätsprüfung auf Basis von Daten aus sozialen Medien,* Cuvillier Verlag.

Ronellenfitsch, Michael, Prof. Dr, 2003. *Bericht der Landesregierung über die Tätigkeit der für den Datenschutz im nicht öffentlichen Bereich in Hessen zuständigen Aufsichtsbehörden.* 16 TB Lreg. LT-Drs. 16/1680.

Parks, Tim, 2007. *Das Geld der Medici.* München, Kunstmann.

Schumann, Matthias Prof., 2002. *Bonitätsbeurteilungen und Kreditprüfungen im Electronic Business,* Eggert/Westerkamp.

Schlecker, Matthias, 2008. *Geschichte des Kredits,* Arbeitspapier, April 2008, http://www.matthias-schlecker.de/file_download/12/Geschichte.pdf (abgerufen Juni 2023).

Sieveking, Heinrich, 1893. *Das Seedarlehen des Altertums.* Berlin, Boston, De Gruyter. https://doi.org/10.1515/9783112675700 (abgerufen Juni 2023).

Sonnabend, Prof. Dr. Holger, 20. November 2021. *Vom Sklaven zum Finanzmagnaten.* https://www.wissenschaft.de/magazin/weitere-themen/vom-sklaven-zum-finanzmagnaten/, Leinfelder-Echterdingen: Damals-Magazin (abgerufen Juni 2023).

Tappan, Lewis, 2022. *The man Who Hired Abe Lincoln To Spy On Sinners.* https://newenglandhistoricalsociety.com/lewis-tappan-the-man-who-hired-abe-lincoln-to-spy-on-sinners/ (abgerufen Juli 2023).

o. V. (2023/2024). *Europaweite Vernetzung und Kommunikation: Grundlagen für Jakobs wirtschaftlichen Erfolg.* Fugger Augsburg. www.fugger.de/geschichte/grundlagen-fuer-jakobs-wirtschaftlichen-erfolg (abgerufen September 2023).

Urbatsch, René-Claude, 2005. *Die Entwicklung von Credit-Scoring-Systemen, in LDI NRW.*

o. V., o. D. *Unsere Geschichte – das Beste aus zwei Welten.* Dun & Bradstreet Deutschland GmbH. https://www.dnb.com/de-de/ueber-uns/unsere-geschichte/ (abgerufen Juli 2023).

o. V., o. D. *Geschichte.* WYS MULLER. https://wysmuller.ch/de/geschichte/ (abgerufen Juli 2023).

o. V., 1970. *Ohne Gewähr.* Hamburg, Spiegel-Magazin, S. 105-111. www.spiegel.de/politik/ohne-gewaehr-a-a9091c66-0002-0001-0000-000044944161. https://www.deutsche-biographie.de/sfz38643.html (abgerufen 2023).

o. V. (2023/2024) *Unsere Geschichte mit Zukunft.* Fürst Fugger Privatbank Aktiengesellschaft. https://www.fuggerbank.de/ihre-bank/tradition/ (abgerufen September 2023).

o. A. (2023/2024) *Wie reich war Jakob Fugger wirklich?* Fugger Augsburg. https://www.fugger.de/geschichte/wie-reich-war-jakob-fugger-wirklich (abgerufen Juli 2023).

2
Auskunfteien & Co. – externe Datenpools

Um in Sekundenschnelle zu entscheiden, ob der Kunde im Zahlungsprozess für „Kauf auf Rechnung" die Voraussetzungen erfüllt, müssen im Vorfeld Kundendaten gesammelt, überprüft und ausgewertet werden. Etwa bei (potenziellen) B2C-Kunden persönliche Daten, Adresse, Kontaktinformationen, Zahlungshistorie etc. Sie dienen als Ausgangspunkt für die internen Bewertungen und die Risikoanalyse. Für diesen Schritt werden interne Kriterien und Richtlinien des Unternehmens angewendet (siehe Kap. 4). Dazu können vergangene Zahlungserfahrungen, offene Rechnungen, Umsatzvolumen und andere Faktoren herangezogen werden. Zusätzlich zu dieser internen Bewertung bedienen sich Unternehmen auch häufig externer Bonitätsinformationen. Externe Kreditagenturen, Wirtschaftsauskunfteien und Datenpools helfen ihnen, ihr Bild über die Kreditwürdigkeit des jeweiligen, vor dem PC oder einem anderen bestellfähigen Gerät sitzenden Käufers zu komplettieren.

> **In diesem Kapitel erfahren Sie**
> - Welche unterschiedlichen externen Datenpools und Dienstleister es gibt.
> - Welche Aussagen Auskunfteien, Ratingagenturen und KPIs machen können.
> - Welche Daten externe Dienstleister sammeln und welche Scores einzelne Auskunfteien ausweisen.
> - Wie der Gesetzgeber die Daten von Privatpersonen gegenüber externen Datensammlern schützt.

2.1 Welche Auskunfteien und Datenpools gibt es?

Es gibt eine große Anzahl an Auskunfteien und Datenpools, aus denen Bonitätsprüfer, aber auch Versicherungen, Banken & Co. bei Kredit- und Vertragsgeschäften externe Daten abfragen. Hier ein Überblick über die fünf bekanntesten im deutschsprachigen Raum:

2.1.1 Die bekanntesten fünf deutschen Auskunfteien

Bisnode ist Teil des Dun & Bradstreet-Netzwerks. Als einer der größten europäischen Anbieter für digitale Wirtschaftsinformationen hat Bisnode laut eigenen Firmenangaben Niederlassungen in 19 Ländern und Zugriff auf Firmen- und Wirtschaftsdaten zu über 300 Mio. Firmenadressen aus 220 Ländern. Dun & Bradstreet Deutschland sowie die Hoppenstedt Firmengruppe firmieren seit 2013 unter dem Namen Bisnode Deutschland (vgl. auch https://www.onventis.de/partner/bisnode/, abgerufen am 08.09.2023).

Creditreform ursprünglich als Netzwerk für Unternehmen zum Schutz vor Zahlungsausfällen gegründet, umfasst das Leistungsspektrum der Creditreform auch Bonitätsauskünfte von Privatpersonen. Das Wissen dieses externen Dienstleisters basiert auf einer Datenbank mit rund 120 Mio. Datensätzen zu fast 61 Mio. Bundesbürgern. In Europa hat Creditreform 161 Geschäftsstellen. Die 162.000 Mitgliedsunternehmen haben Zugriff auf 88 Mio. Unternehmensdaten und kostenfreien Zugang zum Debitorenregister Deutschland (DRD), einer Datenbank für Zahlungserfahrungen von Unternehmen mit Geschäftskunden. Wer als Creditreform-Mitglied seine eigenen Zahlungserfahrungen einspeist, erfährt im Gegenseitigkeitsprinzip branchenübergreifend nicht nur, ob Geschäftspartner ihre Rechnung fristgerecht oder überfällig begleichen, sondern zum Beispiel auch, welche Zahlungsbedingungen ein Geschäftspartner bei anderen Lieferanten erhält und welchen Stellenwert das eigene Unternehmen als Lieferant bei bestimmten Kunden hat. Auch das Gesamt-Forderungsvolumen gegen Geschäftspartner kann im DRD abgerufen werden (vgl. auch www.creditreform.de, abgerufen am 23.02.2024).

Crif Bürgel firmiert seit November 2021 als Crif GmbH und zählt zur weltweit tätigen Crif-Gruppe, die in mehr als 40 Ländern aktiv ist. Sie arbeitet mit Finanzinstituten, Versicherungsgesellschaften, Geschäfts- und Privatkunden zusammen (vgl. auch www.crif.de, abgerufen am 21.09.2023).

Experian (ehemals Arvato) geht auf den Finanzdienstleister von Bertelsmann zurück und war bis 2022 als Arvato Financial Solutions bekannt.

Schufa ist die wohl bekannteste Großauskunftei in Deutschland mit Sitz in Wiesbaden. Sie zählt zu den ältesten deutschen Auskunfteien (siehe Abschn. 1.3.3).

Die international agierenden Auskunfteien, die bei globalen B2C- und B2B-Geschäften relevant sein können, sind im Wesentlichen:

- Aire
- Bisnode AB
- Crif
- Equifax
- Experian
- FICO
- Innovis
- PRBC
- Proinform
- TransUnion

2.1.2 Auskunfteien liefern vor allem Negativ-Informationen

Auskunfteien liefern neben den Personendaten für den B2C-Bereich und Unternehmensdaten für den B2B Bereich vor allem Negativ-Informationen: Das sind Informationen, die auf einen wirtschaftlich negativen Zustand des (potenziellen) Kunden hinweisen. Die Auskunfteien beziehen diese Negativ-Informationen zum großen Teil von den mit ihnen im Vertrag stehenden Unternehmen (Stichwort: Einmeldung) und eigenen bzw. in einer Geschäftsbeziehung stehenden Inkasso-Unternehmen. Auch mit diesen Partnern gibt es die Übereinkunft, Negativ-Informationen weiterzuleiten.

Unterschieden wird dabei zwischen sogenannten weichen, mittleren und harten Negativ-Merkmalen.

> **Unterscheidung von drei Negativ-Merkmalen**
> **Weich:** Laufende oder abgeschlossene Mahn- und Inkassoverfahren oder Nutzung von Giro- oder Kreditkartenkonten nach Nutzungsverbot.
> **Mittel:** Es findet bereits eine Inkasso-Überwachung statt. Außerdem zählen Mahnbescheide, Vollstreckungsbescheide und die Zwangsvollstreckung zu den mittleren Negativ-Merkmalen.
> **Hart:** Nichtabgabe der Vermögensauskunft, ausgeschlossene oder nicht nachgewiesene Gläubigerbefriedigung und Insolvenzverfahren (Höchstötter und Rätscher 2021).

Im Allgemeinen beinhalten die Auskünfte Informationen zu
- Anschrift und Kontaktmöglichkeiten
- Wohnumfeld
- Beruf
- Familienstand
- Bankverbindungen
- Eigentumsverhältnissen
- Eventuell wiederkehrenden Zahlungsverpflichtungen
- Zahlungserfahrungen
- Umzügen
- Inkassoverfahren
- Pfändungen
- Insolvenzen

Mehr dazu und auch zu den Daten, die in die Erhebung einfließen siehe Abschn. 2.3.1.1.

2.1.3 Datenpools

Auf dem Markt der externen Dienstleister tummeln sich auch Datenpools. Sie werden oftmals von Auskunfteien betrieben. Ihrem Geschäftsmodell liegt nicht nur die typische Beziehung Inkasso-Unternehmen, Auskunftei und auskunftsbedürftiger Händler zu Grunde. Sie funktionieren als Kooperative und befüllen sich aus den entsprechenden Einmeldungen der beteiligten Firmen. Oft wird ein Pauschalpreis mit dem Unternehmen vereinbart, mit dem das Abrufen von Informationen abgegolten ist. Im Gegenzug verpflichtet sich das beteiligte Unternehmen ähnlich wie beim Nutzen von Daten von Auskunfteien, jeden qualifizierten Fall aus ihrem Bestand in den Pool einzumelden – etwa säumige oder betrügerische Kunden.

Hier vier ausgewählte Beispiele von Datenpools und die Daten, die sie beziehen:

1. Rücklastschriftenpräventions-Pool (RPP), Branche: übergreifend. Betreiber: Experian

In den Rücklastschriftenpräventions-Pool werden Bankverbindungen eingemeldet und abgespeichert, bei denen es in der Vergangenheit zu Rücklastschriften gekommen ist. Dementsprechend wichtig ist er, wenn als Zahlungsart die Lastschrift gewählt wird. Hier dient der Pool der Prävention von Zahlungsausfällen. Außerdem lassen sich im RPP Kontonummern prüfen im Sinne: Gibt es die Kontonummer überhaupt, ist die Kombination aus Kontonummer und Bankleitzahl stimmig? Im RPP werden keine personenbezogenen Daten abgespeichert, es ist also nicht bekannt, wer der Kontoinhaber oder die Kontoinhaberin ist. Allerdings finden sich in dem Pool Informationen zu öffentlichen Bankverbindungen, etwa von Spendenorganisationen, Behörden, Vereinen und anderen öffentlichen Einrichtungen. So wird ein missbräuchlicher Einsatz dieser Bankverbindungen verhindert (vgl. auch www.experian.de/business/credit-risk/bank-account-check, abgerufen am 31.08.2023).

2. **Telekommunikations-Pool (TKP), Branche: Telekommunikation. Betreiber: Experian**
Der Telekommunikations-Pool ist ein sogenannter „geschlossener Datenpool" ausschließlich für Telekommunikationsunternehmen. Es gilt das Gegenseitigkeitsprinzip: Unternehmen können nur dann Anfragen an den Pool stellen, wenn sie gleichzeitig eigene Daten dort einmelden. Im TKP werden Informationen zu Endkunden gespeichert, bei denen es in der Vergangenheit Zahlungsstörungen gab. Dabei wird nicht zwischen Privat- oder Geschäftskunde unterschieden (vgl. auch www.experian.de/business/digital-decisioning/decisioning-loesungen-fuer-ihre-branche/telekommunikation, abgerufen am 31.08.2023).

3. **TelCo Information Plattform (TIP), Branche: Telekommunikation. Betreiber: Crif**
Auch der TIP ist ein geschlossener Datenpool. Teilnehmer sind ausschließlich Telekommunikations-Dienstanbieter. In den TIP melden die beteiligten Unternehmen nach dem Gegenseitigkeitsprinzip Bestandsdaten von Kunden und deren Änderung sowie Sperrungen aus unterschiedlichsten Gründen wie auffälliges Nutzungsverhalten, Insolvenzverfahren, Betrugsverdacht, Nichtzahlung oder unbekannt verzogen. Der TIP soll den Vertragspartnern die Altersverifikation und Identitätsprüfung der Kunden ermöglichen und sie vor Forderungsausfällen schützen (vgl. auch www.crif.de/media/2594/datenschutzhinweis-tip-art-14-dt.pdf, abgerufen am 31.08.2023).

4. **Hinweis- und Informationssystem der deutschen Versicherungswirtschaft (HIS), Branche: Versicherungswesen. Betreiber: Informa HIS GmbH**
Ziel des Hinweis- und Informationssystems der deutschen Versicherungswirtschaft ist, fehlerhafte, unwahre, unvollständige oder betrügerische Angaben zu verhindern, denn dadurch entsteht den deutschen Versicherungen nach eigenen Angaben jährlich ein Schaden von mehreren Milliarden Euro. In das HIS werden personenbeziehbare Daten eingemeldet, um die Versicherer bei der Bearbeitung von Versicherungsanträgen und -schäden zu unterstützen. Informationen, die auf ein erhöhtes Risiko oder Unregelmäßigkeiten in einem Versicherungsfall hin-

deuten können, werden darin gespeichert – etwa Mehrfachabrechnungen eines Versicherungsschadens bei verschiedenen Versicherungsunternehmen (vgl. auch www.informa-his.de, abgerufen am 31.08.2023).

Sie sehen, Datenpools liefern zusätzlich zu den typischen Auskunfteien wertvolle Ergänzungen zu ganz bestimmten Fragestellungen. Für Händler ist besonders der RPP wichtig, weil er bei Lastschriften vor Zahlungsausfällen schützt. Hier steht die Bonität im Vordergrund. Zusätzlich liefert der Austausch über den Crif-Datenpool Hinweise zu betrugsverdächtigen Anfragemustern. Das HIS wiederum ist der Goldstandard der Versicherungsbranche: Es gibt Auskunft über bekannte Risiken von Versicherungsnehmern, um Betrug durch weitere, ungerechtfertigte Leistungsinanspruchnahme zu verhindern.

Black und White Lists

Neben Informationen, die von externen Auskunfteien bezogen werden, besteht die Möglichkeit, sogenannte **Blacklists** anzulegen. Das sind schwarze Listen, die Kundendaten oder Fraud enthalten, mit denen es negative Zahlungserfahrungen gab. Im Gegensatz zur schwarzen Liste kann es auch **weiße Listen** geben: Wer auf einer White List steht, wird in der Bonitätsprüfung quasi durchgewunken. Das können Prominente oder Influencer sein oder Personen, die bekannt bzw. eindeutig identifiziert sind, obwohl sie vorher möglicherweise auf der schwarzen Liste standen.

Der Datenschutz verlangt allerdings, dass die Daten innerhalb eines bestimmten Zeitraums wieder gelöscht werden. Je nach Eintragungsgrund sind die Fristen für die Löschung der Einträge unterschiedlich. Bei Betrug ist es sinnvoll, die Löschung länger hinauszuzögern – im gesetzlichen Rahmen natürlich! (Höchstötter und Rätscher 2021).

2.1.4 Der Fraud Prevention Pool (FPP)

Neue Marktbedingungen in einer zunehmend digitalen Welt benötigen neue Vorgehensweisen: Um sich vor Betrug, Terrorismusfinanzierung und Geldwäsche zu schützen, gibt es seit 2020 den sogenannten Fraud Prevention Pool (FPP). Entwickelt wurde diese Datenbank von den Kreditinstituten. Das Anforderungsprofil des FPP erstellen der Bankenfachverband und seine Mitgliedsinstituten bereits 2012. Mit dem Ziel, personenbezogene Daten zu Betrugsverdachtsfällen durch einen externen Dienstleister zentral zu speichern. Die dort eingemeldeten Daten stammen von den Mitgliedern des Pools, die damit in der Lage sein würden, die Daten als Warninformationen miteinander auszutauschen. Auch die Datenschutzaufsichtsbehörden des Bundes und der Länder waren bei der Entwicklung eines allgemeingültigen Kriterienkatalogs für den FPP beteiligt.

Fraud-Alternativ-Produkte von Wirtschaftsauskunfteien – wie steht es damit?
Wirtschaftsauskunfteien bieten ähnliche Produkte an. Allerdings sind sich die Aufsichtsbehörden aufgrund der gesetzlichen Bestimmungen im Kreditwesengesetz (KWG) einig, dass § 25 h Abs. 3 Satz 4 und 5 KWG nicht als Ermächtigungsgrundlage für von Auskunfteien betriebene, zentrale FPP in Betracht kommt. Die Regelung gilt ihrem Wortlaut nach nur für Datenübermittlungen im Einzelfall. Zur Frage, ob diese Norm eine abschließende Datenschutzregelung für den Datenaustausch zwischen Banken darstellt und damit über § 1 Abs. 3 Satz 1 Bundesdatenschutzgesetz (BDSG) eine Sperrwirkung gegenüber den allgemeinen Datenübermittlungsnormen des BDSG entfaltet, bestehen allerdings bei den Aufsichtsbehörden unterschiedliche Rechtsauffassungen. Mehr Klarheit durch den Gesetzgeber wäre wünschenswert – ist das wirklich so?

Da das Thema Datenschutz gerade bei der Bonitätsprüfung ein großes ist, auf das ich noch ausführlich in Abschn. 2.3.2 und Kap. 5 eingehen werde, folgt hier zunächst nur eine kurze Übersicht über die Forderungen des Gesetzgebers, wenn es um das Einmelden geht.

2.1.5 Übersicht: Die Forderungen des Gesetzgebers beim Einmelden

Um Betrug vorzubeugen, fordern die Datenschutzaufsichtsbehörden des Bundes und der Länder für Datenbanken bundeseinheitliche Mindeststandards. Grundlage des nachfolgenden Katalogs ist, abzuwägen zwischen dem Interesse der Kreditinstitute, ihr Vermögensrisiko zu begrenzen und dem schützenswerten Gegeninteresse der Betroffenen.

Die Datenschutzaufsichtsbehörden fordern daher mehrheitlich, dass ...
- ... bei der **Einmeldung** in den Pool:
  - der Sachverhalt und die Identität der Täterin oder des Täters eindeutig feststehen.
  - auffällige/ungewöhnliche Sachverhalte sowohl im Vorfeld exakt definiert werden als auch abschließend durch einen Fallgruppenkatalog und/oder Meldemerkmale kategorisiert werden. Es gibt keinen Freitext; das heißt, es gibt keinen Raum für subjektive Vermutungen und Spekulationen.
  - der Vorwurf signifikant ist; er stellt keine Geringfügigkeit dar.
  - der Beweis wie zum Beispiel gefälschte Dokumente vorhanden sind.
  - die Dokumentationspflicht umfassend ausgeübt wurde, sodass sich die Einmeldung auch nachträglich überprüfen lässt.
  - die Einmeldung nur durch qualifiziertes Personal, etwa durch eine Betrugspräventionsabteilung, erfolgen darf – mit klaren Compliance-Regelungen.
- ... bei der **Speicherung und Nutzung der Daten** im Pool:
  - der Betroffene/die Betroffenen über ihre konkrete Einmeldung in den Pool unterrichtet werden. Etwa schon zu Beginn der Geschäftsbeziehung über die allgemeine Erwähnung des FPP durch das einmeldende Institut.
  - alle üblichen Betroffenenrechte gegenüber einer Auskunftei, etwa umfassende Selbstauskunft, Löschung/Sperrung, Berichtigung, Nachberichtspflicht – mit der Garantie unverzüglicher Bearbeitung ebenfalls berücksichtigt werden.
  - Opfer bei Identitätsbetrug unter besonderem Schutz stehen. Daten dürfen daher nur nach Billigung des Opfers verarbeitet werden.
  - keine Nutzung des eingemeldeten Sachverhalts für Bonitätsauskünfte und zur Berechnung von Score-Werten.
- ... bei der **Beauskunftung/Übermittlung** der Daten:
  - ein berechtigtes Interesse der anfragenden Stelle vorliegen muss, etwa die berechtigte Bonitätsanfrage.

- nur eine Übermittlung der absolut notwendigen Daten stattfindet: die anfragende Stelle soll lediglich gewarnt und zur Vorsicht aufgefordert werden.
- die Übermittlung nur an einen ausgewählt kleinen Kreis bei der anfragenden Stelle erfolgt. Die Auskunftei kann durch die Dokumentation des berechtigten Interesses bei der anfragenden Stelle dieses bei einer Stichprobenkontrolle einsehen. Auch nachträglich.

> **Das geschieht bei einer Warnmeldung**
> Bei einer Warnmeldung kommt es nicht automatisch zur Ablehnung. Die Meldung signalisiert lediglich einen berechtigten Anlass zu einer tieferen Prüfung (siehe auch https://datenschutz-agentur.de/blog/fraud-prevention-pool-betrugsbekaempfung/, abgerufen am 10.10.2023).

2.2 Key Performance Indicators und ihre Aussagekraft

Ist der Kreditnehmer keine Privatperson, sondern ein Unternehmen, basiert die Bonitätsprüfung auf Branchen- und Managementanalysen und Finanzkennzahlen. Sie werden meist auf der Grundlage von Jahresabschlüssen und/oder betriebswirtschaftlichen Auswertungen (BAWs) berechnet. Entweder sind diese Kennzahlen öffentlich verfügbar oder werden vom Kreditnehmer bereitgestellt.

Besteht bereits eine Geschäftsbeziehung und werden regelmäßig neue Transaktionen abgewickelt, können – sofern vorhanden – auch Daten über die bisherigen Zahlungserfahrungen Aufschluss über die Bonität des Geschäftspartners geben. Verändert sich seine Zahlweise, kann das auf eine veränderte finanzielle Stabilität des Unternehmens hindeuten.

Betriebswirtschaftliche Kennzahlen sind heute die Grundlage für die Bewertung von Unternehmen. Eigentümer, Investoren und Banken nutzen unterschiedliche Kennzahlen (siehe Abschn. 2.2.1), um die finanzielle Solidität, Rentabilität und Bonität von Unternehmen zu bewerten.

Key Performance Indicators (KPIs) sind dabei die Schlüsselkennzahlen. An ihnen lassen sich die unternehmerische Leistung ablesen. Sie geben Aufschluss über Erfolge oder Misserfolge und ermöglichen es, die Wirtschaftlichkeit und Effektivität einzelner Projekte, Abteilungen oder ganzer Unternehmen zu bewerten.

Kennzahlen und ihre Funktionen
Kennzahlen erfüllen viele unterschiedliche Funktionen (Abb. 2.1). Sie können sowohl einzeln als auch miteinander kombiniert auftreten:

- Zum einen sind sie notwendig, um in einem Unternehmen oder einer Organisationseinheit betriebswirtschaftliche Sachverhalte mit hoher Komplexität transparent abzubilden und Chancen oder Schwachstellen zu identifizieren: Informationsfunktion.
- Entscheidungsträger in Unternehmen greifen auf diese Informationen zu, um betriebswirtschaftliche Entscheidungen zu treffen und um beurteilen zu können, wie sich ihre Entscheidungen auswirken: Entscheidungsfunktion.
- Kennzahlen operationalisieren Ziele und machen sie konkret messbar, wenn der Zeitbezug und das Zeitausmaß vorgegeben sind: Operationalisierungsfunktion.
- Sie können Zielwerte vorgeben, die entweder für das ganze Unternehmen oder einzelne Organisationseinheiten gelten: Vorgabefunktion.
- Kennzahlen ermöglichen, geplante und erreichte Ergebnisse zu kontrollieren und miteinander zu vergleichen: Kontrollfunktion.
- Mit ihnen lassen sich Soll-Ist-Vergleiche durchführen und kausale Zusammenhänge analysieren. Dadurch bieten sie die Möglichkeit, gegenzusteuern, wenn Qualität, Effizient oder Effektivität der Leistungserbringung nicht stimmen: Steuerungsfunktion.
- Mit Kennzahlen werden außerdem Sachverhalte dokumentiert: Dokumentationsfunktion.
- Sie helfen, das Verhalten zu steuern, verschiedene unternehmerische Bereiche zu koordinieren und Entscheidungen durchzusetzen: Koordinationsfunktion.
- Zu guter Letzt verdichten Kennzahlen Daten und Informationen zu wenigen zentralen Größen, an denen sich Auffälligkeiten und Veränderungen schnell erkennen lassen: Anregungsfunktion.

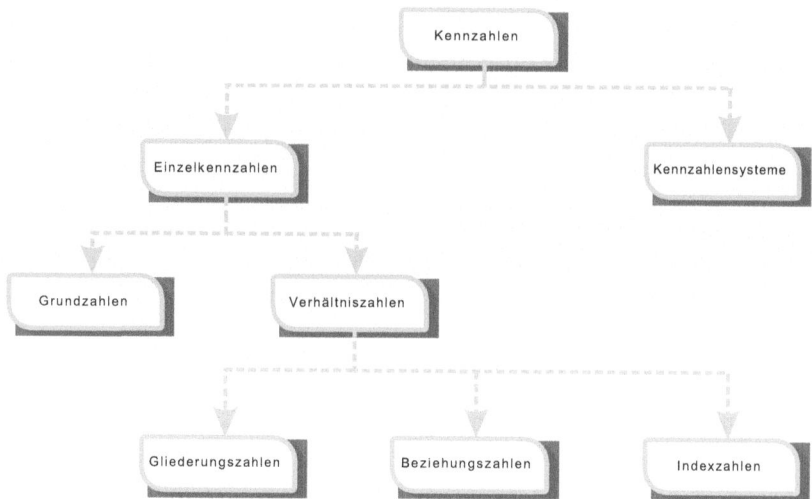

Abb. 2.1 Kennzahlen lassen sich in Einzelkennzahlen und Kennzahlensysteme einordnen. (Eigene Darstellung)

2.2.1 Die Kennzahlen etwas aufgeschlüsselt

2.2.1.1 Grundzahlen

Bei den Grundzahlen handelt es sich um absolute Wert- und Mengengrößen:

- Summen (unter anderem Bilanzsumme)
- Mittelwerte/Durchschnitte
- Einzelzahlen
- Differenzen

Wichtig sind diese Kennzahlen vor allem für Vergleiche. Im Gegensatz zu Verhältniszahlen besitzen Grundzahlen einzeln betrachtet keinerlei Aussagekraft und reichen oft nicht aus, um auf ihrer Grundlage Bewertungen durchführen oder Entscheidungen treffen zu können.

2.2.1.2 Verhältniszahlen

Wie mit vielen Dingen im Leben, lassen sich auch Zahlen oft erst richtig deuten, wenn sie zu einer anderen Zahl oder einem anderen Sachverhalt in Beziehung gesetzt werden. Verhältniszahlen sind relative Größen und ermöglichen Vergleiche und Bewertungen. Zu ihnen gehören:

- **Indexzahlen:** Sie stellen inhaltlich gleichartige Zahlen in Beziehung, um lokale oder temporäre Veränderungen zu kennzeichnen (zum Beispiel die Größenänderung von Preisen oder Kursen im Zeitverlauf). Indexzahlen werden aus einer Folge von Zahlen ermittelt, die auf eine Basis (meistens 100) normiert werden.
- **Beziehungszahlen:** Hierbei handelt es sich um artverschiedene Größen, die ins Verhältnis gesetzt werden, da sie in einem sachlich sinnvollen Zusammenhang stehen (zum Beispiel Ursache-Wirkung). Beispiel: Verschuldungsgrad = Fremdkapital/Eigenkapital.
- **Gliederungszahlen:** Diese zeigen den prozentualen Anteil im Vergleich zur Gesamtgröße. Beispiel: Eigenkapitalquote = Eigenkapital/Gesamtkapital.

2.2.1.3 Kennzahlensysteme

Um betriebswirtschaftliche Sachverhalte zu ermitteln, genügt es nicht, sich eine einzelne Kennzahl anzusehen: Es müssen mehrere Kennzahlen betrachtet werden. Dafür braucht es ein entsprechendes System – also eine Ansammlung verschiedener Ziffern, die miteinander in Beziehung stehen und somit eine Gesamtheit bilden. Es gibt zwei Arten dieser Systeme:

- **Rechtssysteme:** In diesem Rahmen werden Kennziffern rechnerisch zerlegt und anschließend pyramidenartig aufgebaut.
- **Ordnungssysteme:** Diese stellen zwischen den einzelnen Kennzahlen eine kausale Beziehung her. Dadurch kann man Sachverhalte schneller erfassen.

Viele Kennzahlen drücken einen Sachverhalt aus und lassen sich anhand dieses Sachverhalts untergliedern. Meist erfolgt folgende Unterscheidung:

- Monetäre Kennzahlen (zum Beispiel Erfolgs-, Liquiditäts-, Rentabilitäts- und Bilanzkennzahlen)
- Nicht-monetäre Kennzahlen (zum Beispiel Markt- und Kunden-, Prozess-, Mitarbeiter- und Innovationskennzahlen).

In der Regel zeigen die erhobenen Leistungskennzahlen die Schlüsselaktivitäten an, die für die Organisation als wichtig erachtet werden. Diese Key Performance Indicators (KPIs) genannten Kennzahlen machen den Zielerreichungsgrad messbar und bilden im Bedarfsfall die Basis für das Ableiten konkreter Maßnahmen.

2.2.2 Die wichtigsten Kennzahlen im B2B-Geschäft

2.2.2.1 Die wichtigsten Kennzahlen aus der Gewinn- und Verlustrechnung (GuV) sind

- **Umsatzerlöse.** Alljährlich steigende Umsätze sind ein gutes Wachstumsbarometer.
- **Betrieblicher Aufwand.** Der betriebliche Aufwand zeigt, ob bzw. wie viel Gewinn nach Abzug der Kosten vom Umsatz übrig bleibt.
- **Operatives Ergebnis, gewöhnliche Geschäftstätigkeit.** Ein Jahr für Jahr stetig wachsendes operatives Ergebnis bezeugt, dass es dem Unternehmen gut geht, es an Ertragskraft zulegt und nachhaltig wirtschaftet.
- **Ergebnis vor Steuer (EBT), Steuer und Zinsen (EBIT).** Interessant ist der Vergleich, wie hoch das Ergebnis vor und nach Steuern (bzw. Zinsen) ist und ob die Firma überhaupt Steuern bezahlt.
- **Gewinn vor Steuern, Zinsen und Abschreibungen (EBITDA).** Der Jahresüberschuss vor Steuern, Zinsen und Abschreibungen gibt Aufschluss über die Ertragskraft. Das EBITDA ermöglicht es, Unternehmen hinsichtlich ihrer operativen Ertragsstärke und Rentabilität zu vergleichen.
- **Jahresüberschuss bzw. Jahresfehlbetrag.** Übertrifft der Gewinn den Aufwand, ergibt sich ein Jahresüberschuss. Ein Jahresfehlbetrag entsteht,

wenn die Kosten den Ertrag übersteigen. Es lohnt sich auf die Liquidität erhöht zu achten, dies kann bis hin zur Zahlungsunfähigkeit führen.

2.2.2.2 Die wichtigsten Kennzahlen aus der Bilanz sind

- **Aktiva: Umlaufvermögen.** Das Umlaufvermögen beschreibt das nur für kurze Zeit im Unternehmen verweilende Kapital. Es wird für den raschen Verbrauch, zur Verarbeitung oder Rückzahlung verwendet. Etwa, um Vorräte anzulegen, Forderungen aus Lieferung und Leistung zu bedienen, den Kassenbestand, Bankguthaben und Wertpapiere wie Aktien, Pfandbriefe, Genussscheine oder Anleihen.
- **Aktiva: Anlagevermögen.** Das Anlagevermögen umfasst alle Positionen, die für das Unternehmen dauerhaft Nutzen bringen. Dies sind technische Anlagen und Maschinen, der Fuhrpark, Grundstücke und Gebäude, die Betriebs- und Geschäftsausstattung, der Firmen- und Markenwert sowie Beteiligungen.
- **Passiva: Fremdkapital.** Die Schulden und Verbindlichkeiten eines Unternehmens stehen als Fremdkapital auf der Passivseite. In der Bilanz sind die kurz-, mittel- und langfristigen Verbindlichkeiten gegenüber Lieferanten, Banken, Versicherungen und Finanzamt abzugrenzen von ungewissen Rückstellungen wie Schadenersatzklagen oder Instandhaltungsrückstellungen.
- **Passiva: Eigenkapital.** Das Umlauf- und Anlagevermögen abzüglich aller Verbindlichkeiten und Rückstellungen ergibt das Eigenkapital. Es sollte deutlich höher als das Fremdkapital sein, um in Krisen nicht zahlungsunfähig zu werden. Vor dem Crash war eine hohe Eigenkapitalquote wegen zu bezahlender Strafzinsen nicht sonderlich erwünscht – lieber wurde in Beteiligungen und nachhaltige Geschäftsmodelle investiert. Wegen des brachliegenden Handels bewahrt viel Eigenkapital nun aber so manches Unternehmen vor dem Niedergang. Wenn der Rotstift regiert, das Geld für Mitarbeiter, Forschung und Entwicklung fehlt und nicht mehr investiert wird und das Tafelsilber verschwindet, befindet sich ein Unternehmen in einem Teufelskreis.
- **Bilanzsumme gleich bei Aktiva & Passiva.** Die Bilanzsumme ergibt sich, indem alle Positionen auf der Aktiv- und der Passivseite zusammengezählt werden. Die Bilanzsumme auf der Aktivseite muss

exakt mit der auf der Passivseite übereinstimmen, wie es sich für eine Waage gehört (Sander 2020).

Diese und weitere Kennzahlen sind die Grundlage für die Berechnung der KPIs (Key Performance Indicators).

2.2.2.3 Die wichtigsten KPIs sind

2.2.2.3.1 Debitorenumschlag

Der Debitorenumschlag zeigt an, wie oft der durchschnittliche Debitorenbestand, also die Anzahl oder Summe an gestellten und noch nicht bezahlten Rechnungen, in den Umsatzerlösen enthalten ist. Diese Kennzahl sollte möglichst hoch sein.

Wird sie im Zeitverlauf niedriger, bedeutet das, dass die Forderungslaufzeit zunimmt. Dadurch nimmt die Kapitalbindung zu, was wiederum die Liquidität des Unternehmens belastet.

Eine Verkleinerung dieser Kennzahl ist als Warnhinweis zu verstehen: Im Kreditmanagement sollten Maßnahmen ergriffen werden, die zum Beispiel die Forderungslaufzeit verringern (Gröger 2022).

2.2.2.3.2 Forderungslaufzeit bzw. DSO (Day Sales Outstanding)

Die Begriffe DSO, Forderungslaufzeit, Außenstandstage, Debitorenlaufzeit oder Umschlagsdauer der Forderungen (Verbindlichkeiten) bezeichnen alle dasselbe: die Anzahl der Tage, die vom Zeitpunkt der Rechnungsstellung (Rechnungsdatum) bis zum Zahlungseingang auf dem Bankkonto oder in der Kasse des Lieferanten vergehen. Die DSO dient als Effizienzgröße für das Mahnwesen bzw. das Debitorenmanagement eines Unternehmens. Je kleiner diese Kennzahl ist, desto besser läuft der Prozess und desto wirtschaftlicher ist es für das Unternehmen. Je höher die DSO, desto mehr offene Kundenrechnungen hat ein Unternehmen. Das bindet Kapital, das dem Unternehmen dann womöglich zur Bezahlung eigener Rechnungen fehlt. Die Kennzahl beurteilt unter anderem die Zahlungsfähigkeit eines Unternehmens. Je nach Zahlungsziel macht es auch Sinn die DSO monatlich, quartalsweise oder jährlich zu betrachten.

Die DSO im Jahresdurchschnitt wird wie folgt berechnet
DSO = (durchschnittlicher Forderungsbestand: Bruttoumsatz) * 365

2.2.2.3.3 DPO – Days Payable Outstanding

Die Days Payable Outstanding (DPO) oder Kreditorenlaufzeit zeigt, nach wie vielen Tagen das Unternehmen eigene Rechnungen bei Lieferanten, Banken oder anderen Gläubigern bezahlt. Üblicherweise werden möglichst hohe DPO-Werte angestrebt. Unternehmen mit hohen Kreditorenlaufzeit können das Geld bis zur Fälligkeit der Verbindlichkeiten für kurzfristige Investitionen nutzen.

Grundsätzlich sollten die Days Payable Outstanding höher sein als die Days Sales Outstanding (DSO); ist die DSO höher als die DPO, fehlt dem Unternehmen Geld. Trotzdem müssen hohe DPO-Werte nicht immer ein positives Signal sein. Wenn das Unternehmen nicht zahlen kann oder Zahlungsziele überschreitet, ist die späte Zahlung negativ zu werten.

Die Berechnung lautet wie folgt:
DPO = (Verbindlichkeitenbestand * gewählter Zeitraum in Tagen)/Materialeinsatz (COGS)

2.2.2.3.4 DIO – Days Inventory Outstanding

Die Kennzahl Days Inventory Outstanding, also die Lager- oder Bestandsreichweite, gibt an, wie viele Tage ein Unternehmen seine Waren vor dem Verkauf lagert und so Kapital in seinem Lagerbestand bindet. Der Wert sollte so gering wie möglich sein.

Niedrige DIO-Werte bedeuten einen schnellen Verkauf der Lagerware. Damit einher gehen eine geringe Kapitalbindung und eine hohe Liquidität.

Mit der Lagerreichweite lassen sowohl die Produktattraktivität als auch das Bestandsmanagement beurteilen. Sie ist daher eine zentrale Kennzahl für die Berechnung des Bestandskapitals. Außerdem ist sie ein Maßstab für die Leistung aller am Absatzprozess beteiligten Abteilungen.

Die Berechnung lautet wie folgt
DIO = (Lagerbestand/Umsatzerlöse) * 365

2.2.2.3.5 Eigenkapitalquote

Die Eigenkapitalquote ist eine betriebswirtschaftliche Kennzahl, die vor allem bei der Bewertung eines Unternehmens eine wichtige Rolle spielt, gibt sie doch Aufschluss über die finanzielle Stabilität und Unabhängigkeit eines Unternehmens. Sie beschreibt das Verhältnis des Eigenkapitals zum Gesamtkapital. Dabei gilt: Je höher die Eigenkapitalquote, desto besser wird die Bonität des Unternehmens bewertet. Solide Unternehmen weisen eine Eigenkapitalquote von über 30 % auf, in Deutschland beträgt sie durchschnittlich 20 bis 25 %.

Für die Berechnung wird das bereinigte Eigenkapital eines Unternehmens ermittelt. Dazu wird das Fremdkapital auf der Passiva-Seite der Bilanz vom Gesamtvermögen auf der Aktiva-Seite subtrahiert. Dieser Differenz wird dann das Gesamtkapital oder die Bilanzsumme gegenübergestellt.

Die Berechnung lautet wie folgt
Eigenkapitalquote = (Eigenkapital/Gesamtkapital) * 100

2.2.2.3.6 Eigenkapitalrendite

Die Eigenkapitalrendite zeigt an, wie effizient vorhandenes Eigenkapital gemessen am Reingewinn eingesetzt wird bzw. wie viel Prozent des Gewinns auf das eingesetzte Eigenkapital entfällt. Somit gibt sie an, mit wie viel Prozent sich das Eigenkapital verzinst. Darum ist sie vor allem für Aktionäre wichtig. Die Eigenkapitalrendite berechnet sich aus dem Verhältnis des Gewinns zum Eigenkapital und kann als Größe zur Messung der Wirtschaftlichkeit in einem Unternehmen verstanden werden. Die Berechnung berücksichtigt allerdings nicht die Verschuldung. Ziel eines Unternehmens sollte die Erzielung einer Eigenkapitalrendite sein, die über dem Kapitalmarktzins liegt, zuzüglich einer branchenabhängigen Risikoprämie.

Die Berechnung lautet wie folgt
Eigenkapitalrentabilität (%) = Jahresüberschuss/Eigenkapital * 100

2.2.2.3.7 Forderungsausfallquote

Die Forderungsausfallquote zeigt, wie hoch der Anteil nicht erfüllter und daher abgeschriebener Forderungen an der Summe der insgesamt fälligen Forderungen innerhalb eines Zeitraumes ist. Natürlich sollte diese Quote möglichst niedrig sein. Schon ein Wert von 1 % kann gefährlich sein, weil sich jeder Forderungsausfall negativ auf den Gewinn auswirkt.

Die Kennzahl ist ein gutes Barometer für die Effizienz des Forderungs- oder Kreditmanagements im Unternehmen: Werden Kunden auf ihre Bonität überprüft? Wie gut ist die Datengrundlage? Erfolgt die Risikobewertung realistisch? Werden säumige Kunden konsequent abgemahnt und gegebenenfalls verklagt? (Gröger 2022)

Die Berechnung lautet wie folgt
Forderungsausfallquote = (Forderungsausfälle/Forderungssumme) * 100

2.2.2.3.8 Kapitalrendite – Englisch: Return on Investment (ROI)

Die Kapitalrendite oder der Return on Investment macht deutlich, welche Rendite das im Unternehmen eingesetzte Kapital erwirtschaftet hat. Sie ist ein Maßstab dafür, wie effizient das Unternehmen mit dem ihm zur Verfügung stehenden Kapital umgeht. Diese Kennzahl fließt in die Bonitätsbewertung von Unternehmen ein und wird bei der externen Bilanzanalyse wie auch von der Unternehmensleitung verwendet. Verbessern lässt sich der ROI einerseits durch eine Erhöhung des Gewinns (etwa durch steigende Umsätze und/oder sinkende Kosten) und andererseits durch eine Reduktion von Vermögen (etwa durch den Verkauf nicht mehr benötigten Anlagevermögens oder die Verringerung der Vorräte oder Forderungen).

Die Berechnung lautet wie folgt
ROI = (Gewinn vor Zinsen/Gesamtkapital) * 100

2.2.2.3.9 Liquiditätsgrade

Wie flüssig, das heißt wie zahlungskräftig ein Unternehmen ist, wird durch die Liquiditätsgrade in der Welt der Zahlen und Bilanzen ausgedrückt. Diese werden auf Grundlage der Bilanz berechnet und sind sowohl für interne als auch externe Analysen hilfreich. Sie geben Aufschluss darüber, ob oder wie gut ein Unternehmen in der Lage ist, kurzfristige Verbindlichkeiten und Schulden aus flüssigen Mitteln zu tilgen.

Dabei stehen die Vermögenswerte eines Unternehmens unterschiedlich schnell zur Verfügung, um die kurzfristigen Verbindlichkeiten begleichen zu können. Deshalb folgen die Liquiditätsgrade dem Gedanken einer fristenkongruenten Finanzierung: langfristig gebundene Mittel sollen langfristig und kurzfristig gebundene Mittel kurzfristig finanziert werden. Je nachdem, wie schnell Vermögenswerte in liquide Mittel umgewandelt werden können und welche Werte in die Rechnung mit einbezogen werden, unterscheidet man drei unterschiedliche Liquiditätsgrade. Mit ansteigendem Grad werden zusätzliche Teile des Umlaufvermögens zur Deckung der kurzfristigen Verbindlichkeiten herangezogen, die zunehmend schwerer zu mobilisieren sind.

Die Liquiditätskennzahlen zeigen nicht nur an, ob eine Zahlungsunfähigkeit droht. Ebenso kann ein Unternehmen einen zu hohen Bestand an flüssigen Mitteln angehäuft haben, etwa auf dem Girokonto gebunkertes Geld, das besser für Investitionen genutzt werden könnte (Gröger 2022).

Liquidität I – Barliquidität, Cash Ratio: Kurzfristige Verbindlichkeiten
Bei der Liquidität ersten Grades werden zur Deckung der kurzfristigen Verbindlichkeiten lediglich Zahlungsmittel bzw. flüssige Mittel wie Kassenbestand, Bankguthaben, Schecks oder schnell erreichbare Teile des Umlaufvermögens wie börsengehandelte Aktien genutzt. Deshalb wird der erste Liquiditätsgrad auch als Barliquidität bezeichnet: Er zeigt die Deckung der kurzfristig anfallenden Zahlungsverpflichtungen durch sofort verfügbare Geldmittel an. Als kurzfristige Verbindlichkeiten gelten Schulden, die innerhalb eines Jahres fällig sind.

Läge der erste Liquiditätsgrad bei 100 %, könnte ein Unternehmen all seine Schulden durch Barzahlung oder Überweisung begleichen. Eine hohe Liquidität ersten Grades wäre zwar im Hinblick auf eine Risikominimierung wünschenswert. Der Nachteil einer hohen Barliquidität ist jedoch, dass flüssige Mittel ungenutzt bleiben und nicht im Unternehmen investiert werden. Somit tragen sie auch nicht zur Rendite bei. Zudem gibt es die Möglichkeit, Liquiditätsengpässe durch die Aufnahme von Krediten zu umgehen. Meist liegt der erste Liquiditätsgrad in Unternehmen bei etwa 20 %. Damit haben sie genug Sicherheit, um kurzfristige Zahlungsverpflichtungen erfüllen zu können. Gleichzeitig ist der Anteil flüssiger Mittel nicht so groß, dass sie ungenutzt bleiben.

Die Berechnung lautet wie folgt
Liquiditätsgrad 1 = (flüssige Mittel/kurzfristige Verbindlichkeiten) * 100

Liquidität II – Einzugsliquidität, Quick Ratio, Acid Test Ratio: Mittelfristige Verbindlichkeiten

Bei der Liquidität zweiten Grades werden die flüssigen Mittel um kurzfristige Forderungen und den Wertpapierbestand des Unternehmens ergänzt, um damit die kurzfristigen Verbindlichkeiten zu decken. Den Wertpapierbestand bilden zum Beispiel Aktien, Anleihen oder sonstige Zertifikate, die im Besitz des Unternehmens sind. Zu den kurzfristigen Forderungen zählen etwa Forderungen aus Lieferungen und Leistungen, Mietforderungen oder Forderungen gegen verbundene Unternehmen. Daher kommt auch der Name „Einzugsliquidität": Die Forderungen, die die flüssigen Mittel ergänzen, müssen erst eingezogen werden. Sie zählen nicht zum ungenutzten Geldvermögen, deshalb gibt es hier nicht den Zielkonflikt von Sicherheit und Rentabilität, der beim ersten Liquiditätsgrad vorherrscht.

Bei der Liquidität zweiten Grades erfolgt die Deckung der kurzfristigen Verbindlichkeiten also zusätzlich zum Geldvermögen eines Unternehmens über Zahlungsansprüche gegenüber den Kunden und dem Wertpapierbestand. Diese Mittel können zwar schnell zu Geld umgewandelt werden, stehen aber nicht so schnell zur Verfügung wie Barmittel aus dem Kassenbestand oder das Geld auf dem Girokonto.

Der Richtwert der Liquidität zweiten Grades liegt bei mindestens 100 %: Die Summe der liquiden Mittel und Forderungen sollte genauso hoch sein wie die Summe der kurzfristigen Verbindlichkeiten. Allerdings darf das Risiko von Forderungsausfällen nicht außer Acht gelassen werden.

Die Berechnung lautet wie folgt
Liquiditätsgrad 2 = (flüssige Mittel + kurzfristige Forderungen + Wertpapiere des Umlaufvermögens)/kurzfristige Verbindlichkeiten * 100

Liquidität III – Umsatzbedingte Liquidtät, Current Ratio: Langfristige Verbindlichkeiten

Die Liquidität dritten Grades gibt das Verhältnis aus dem gesamten Umlaufvermögen und den kurzfristigen Verbindlichkeiten wieder. Eng verwandt ist die Kennzahl des Working Capital, die errechnet wird, indem man die kurzfristigen Verbindlichkeiten vom Umlaufvermögen abgezogen werden.

Das Umlaufvermögen umfasst die im zweiten Liquiditätsgrad enthaltenen Bilanzposten, ergänzt um den Posten „Vorräte". Je nach Unternehmen zählen gelagerte Roh- oder Hilfsstoffe sowie unfertige und fertige Erzeugnisse zu den Vorräten.

Als wünschenswert gelten für die Liquidität dritten Grades Werte von mindestens 120 %. Es wird aber auch ein Zielwert von 200 % genannt. Die Werte unterscheiden sich je nach Branche. Ein Wert von 100 % würde bedeuten, dass das gesamte Umlaufvermögen eines Unternehmens gerade einmal die kurzfristigen Verbindlichkeiten abdeckt. Ein kleiner Forderungsausfall würde in diesem Fall zu ernsthaften finanziellen Schwierigkeiten führen.

Die Berechnung lautet wie folgt
Liquiditätsgrad 3 = Umlaufvermögen/kurzfristige Verbindlichkeiten * 100

2.2.2.3.10 *Verschuldungskoeffizient*

Der Verschuldungskoeffizient ist ein Anhaltspunkt für Rentabilitäts- und Liquiditätsberechnungen und wichtig für die Bonitätsprüfung. Er berechnet sich aus dem Verhältnis von Fremdkapital zu Eigenkapital.

Je höher der Verschuldungskoeffizient eines Unternehmens, desto abhängiger ist es von externen Gläubigern. In der Praxis sollte der Verschuldungsgrad branchenabhängig bei Nichtbanken nicht höher sein als

2:1 (200 %). Das Fremdkapital sollte also höchstens doppelt so hoch sein wie das Eigenkapital.

Diese Forderung kann aber dem Leverage-Effekt widersprechen. Dieser bezeichnet die Hebelwirkung des Fremdkapitals auf die Eigenkapitalrentabilität. Ein positiver Leverage-Effekt entsteht, wenn die Gesamtkapitalrendite größer ist als der Fremdkapitalzins; es gilt allgemein rEK = rGK + VK*(rGK − rFK). Das bedeutet, dass die Eigenkapitalrendite unter Zunahme des Fremdkapitals gesteigert werden kann.

Die Berechnung lautet wie folgt
Verschuldungskoeffizient (VK) = Fremdkapital (FK)/Eigenkapital (EK)

2.2.2.3.11 Working Capital

Das Working Capital ist eine Bilanzkennzahl, die nicht nur in der Bilanzanalyse, sondern auch bei Bonitätsprüfungen und Risikobewertungen wichtig ist. Ihr Wert errechnet sich aus der Differenz des Umlaufvermögens und der kurzfristigen Verbindlichkeiten. Das Working Capital gibt Auskunft über die Finanzkraft eines Unternehmens, seine ungebundenen, schnell verfügbaren liquiden Mittel und damit über seine Zahlungsfähigkeit.

Ist das Working Capital größer als Null, bedeutet das, dass das gesamte Anlagevermögen und Teile des Umlaufvermögens durch langfristiges Eigenkapital finanziert sind. Außerdem ist in diesem Fall ungebundenes Kapital vorhanden, mit dem sich kurzfristige Verbindlichkeiten decken lassen. Daher ist ein positives Working Capital ein Anzeichen für finanzielle Flexibilität eines Unternehmens.

Ist das Working Capital kleiner Null, ist das Umlaufvermögen zu gering, um damit die kurzfristigen Verbindlichkeiten zu bedienen. Das Unternehmen könnte in die Zahlungsunfähigkeit abrutschen. Allerdings ist ein zu hoher Wert des Working Capitals (ähnlich wie ein hoher 1. Liquiditätsgrad) nicht unbedingt erstrebenswert, weil dabei die Gefahr besteht, dass liquide Mittel zum Beispiel auf einem Konto gehortet werden und nicht für Investitionen zur Verfügung stehen (Gröger 2022).

Die Berechnung lautet wie folgt
Working Capital = Umlaufvermögen − kurzfristige Verbindlichkeiten

2.3 Scoring und Rating – die Kategorien der Bewertung

Egal, ob Auskunfteien oder Bonitätsprüfung im Falle des O2C-Prozesses, bewerten beide anders und nutzen dazu Verfahren, die sich Scoring oder Rating nennen. Sie wurden in den 50er-Jahren von dem US-amerikanischen Analytic-Softwarehaus Fair und Isaac entwickelt (Abel 2006). Dieses firmiert heute unter dem Namen Fico und hat den größten Marktanteil an analytik-basierter Software für Betrugserkennung.

Insbesondere im Kreditbereich wird an Stelle des Begriffs „Scoring" teilweise bedeutungsgleich und teilweise auch in Abweichung dazu von „Rating" gesprochen. Wird der Begriff „Scoring" für die Bewertung vor einem Vertragsschluss verwendet, so versteht man unter Rating in der Regel eher die Bewertung bestehender Vertragsbeziehungen (Kamp und Weichert 2005). Während der Begriff „Rating" für die Bonitätsbewertung von Unternehmen präferiert wird, wird „Scoring" vor allem für die Bewertung von natürlichen Personen genutzt – und damit auch bei B2C-Geschäften.

> **Score und Scoring**
>
> Der Begriff „score" stammt aus dem Englischen und bedeutet „to evaluate numerically". Das heißt, „mit Punkten bewerten". Das Substantiv „score" oder „scoring" bezeichnet eine Auswertung bzw. einen Punktestand.

2.3.1 Was sagen externe Score-Werte aus?

Ob Schufa oder Rating-Agentur, jeder ratet anders. Bei ihren Ratings zur Einschätzung speziellen Kredit-Engagements und der wirtschaftlichen Verhältnisse von Unternehmen, Unternehmensgruppen und auch Ländern – wir machen hier kurz einen Abstecher zum Rating – vergeben Rating-Gesellschaften Risikopunkte für das Bewertungsergebnis ähnlich wie Schulnoten. Beispiele für international tätige Gesellschaften sind allen voran die Rating-Agentur S&P Global Rating (ehemals Standard & Poor's), gefolgt von Moody's und Fitch Rating. Sie werden in der Branche auch die „Großen Drei" (the big three) genannt, weil ihnen weltweit diese Aufgabe zukommt. So hat S&P Global Ratings mit Sitz in New York 35 Zweigstellen an den wichtigsten Finanzplätzen der Welt. Davon neun in Europa, darunter unter anderem auch in Frankfurt.

Die Ratingklassen der „Großen Drei" beruhen auf Buchstaben oder Buchstabenkombinationen. So reicht die Bewertung von S&P Global Rating zum Beispiel wie Sie in der folgenden Abbildung sehen von AAA für die höchste Bonität bis D für Illiquidität. Moody's bewertet die beste Bonität mit Aaa und nutzt den Buchstaben C, um eine Institution als illiquide zu raten.

In Abb. 2.2 sieht man sehr gut, dass sich bei der besten Qualität die drei hier aufgeführten Rating-Agenturen S&P, Moody's und Fitch fast durchweg einig sind. Sie vergeben AAA, Aaa und AAA. Gehen wir eine Stufe tiefer, unterscheiden sich die einzelnen Ratings bereits mit der Vergabe von AA+, Aa1 und AA+.

	Bonitätsbewertung							
	Sehr gut		Gut		Risikobehaftet		Hohes Risiko (Zahlungsverzug)	Zahlungsunfähig (Insolvenz)
S&P	AAA	AA+ AA AA	A+ A A	BBB+ BBB BBB	BB+ B BB	B+ B B	CCC CC C	SD / D
Moody's	AAA	Aa1 Aa2 Aa3	A1 A2 A3	Baa1 Baa2 Baa3	Ba1 Ba2 Ba3	B1 B2 B3	CAA CA	C
Fitch	AAA	AA+ AA AA	A+ A A	BBB+ BBB BBB	BB+ B BB	B+ B B	CCC CC C	SD / D

Abb. 2.2 Bewertungen großer Rating-Agenturen im Vergleich (eigene Darstellung)

Wollen Sie diese Aussagen für eine Berechnung vergleichbar machen, müssen Sie die Ergebnisse entsprechend für die eigene Bewertung umwandeln, sprich: vergleichbar machen. So ist es möglich vergleichbare Berechnungen anzustellen, auch wenn es darum geht, Daten aus unterschiedlichen externen Quellen miteinander in Bezug zu setzen und daraus ein Ergebnis abzuleiten. Denn jede Ratingagentur und Auskunftei gewichtet anders. Wie? Das ist deren Geheimnis.

Die Auskunftei Bürgel zum Beispiel erteilt im Einklang mit der Entscheidung des BGH vom 28.01.2014 (VI ZR 156/13) keine Auskünfte zur detaillierten Zusammensetzung der Score-Formel an Betroffene. Gleichsam verweisen externe Dienstleister darauf, dass sie im Rahmen der Eigenauskunft ein Höchstmaß an Transparenz zu ihren Scoring-Verfahren herstellen. So erhalten die Verbraucher bei Bürgel mit Erteilung der Selbstauskunft ein Hinweisblatt. Aus dem können sie die mit den Score-Werten verbundenen Ausfallwahrscheinlichkeiten und die Einflussfaktoren (die bei der Score-Ermittlung berücksichtigten Datenarten) entnehmen. Ein Hinweis auf die Gewichtung einzelner Daten erfolgt nur bei Negativ-Merkmalen. Der Betroffene wird darauf hingewiesen, dass ein bestimmtes Merkmal selbst dann zu einem schlechten Score führt, wenn daneben auch positive Merkmale vorliegen (Reschke-Fernsehen: „Die Macht der Schufa: Wer stoppt die Datensammler?", 15.02.2024).

Der Bürgel-Score reicht von 1,0 bis 6,0. Das bedeutet, dass bis zu einem Wert von 2,9 keine Negativ-Merkmale bekannt sind. Was vorher, bei den Rating-Agenturen AAA war, ist hier nun mit 1,0 bis 1,2 ausgedrückt und weiter:

- Von 1,0 bis 1,2 liegt ein sehr niedriges Risiko vor.
- Von 1,3 bis 1,8 ein niedriges Risiko.
- Von 1,9 bis 2,6 ein durchschnittliches Risiko.
- Von 2,7 bis 2,9 ein mittleres Risiko und
- ab 3,0 liegt immer ein Negativ-Merkmal zu Grunde.
- Die weitere Abstufung von 3,0 bis 6,0 erfolgt unter anderem anhand der Art und des Alters des Inkasso-Merkmals.

Wie Sie sehen, kann man nicht eins zu eins vergleichen. Um Schlüsse für die eigene Bonitätsprüfung ziehen zu können, gilt es, die Werte in ein größeres System zu überführen, indem man ein miteinander vergleichbar machendes gegebenenfalls mit Regeln und/oder KI basiertes System hinterlegt. Die Regeln dafür werden zuvor festgelegt.

Um Ihnen ein Gefühl dafür zu geben, können wir uns auch noch den Score von Experian und der Schufa ansehen.

Im Rahmen meiner Recherchen zum Thema „Bonitätsprüfung" habe ich auch bei Arvato Infoscore (heute Experian) angefragt und folgende Informationen erhalten: Bei den für den Score verwendeten Datenarten sowie über die Bandbreite der Score-Werte heißt es von Seiten des Unternehmens: „Der niedrigste erreichbare Score-Wert beträgt 275, der höchste erreichbare Score-Wert beträgt 641".

Die Schufa ist der Auffassung, dass durch die mit der Eigenauskunft gelieferte Information das Scoring-Verfahren für die Konsumenten sehr transparent gemacht werde. Noch mehr Transparenz bei den Verfahren und bei den Gewichtungen würde die Gefahr von Manipulation in sich bergen. Interessant ist in diesem Zusammenhang auch das Urteil des Europäischen Gerichtshofs, das bei Auskunfteien wie der Schufa ordentlich für Aufregung sorgt (siehe Abschn. 2.3.2.4), und dass Verbraucher immer wieder ähnliche Datenschutzprobleme anmahnen (siehe Abschn. 5.3).

Generell gilt, dass der Score in keinem Fall allein zur Ablehnung eines Kreditantrages führen darf. Dies ergibt sich aus § 6a BDSG. Dies ergibt sich aber auch aus dem Selbstverständnis des Kredit-Scoring als eine Entscheidungshilfe und nicht als Entscheidungsgrundlage.

Aus der Praxis zeigt sich jedoch, dass der Score häufig als ein wesentlicher oder sogar als der entscheidende Faktor bei der Berechnung des intern verwendeten Scores herangezogen wird.

Die Gründe für diese Praxis sind offenkundig: Scoring wird angeboten für die Vereinfachung der Kreditwürdigkeitsprüfung vor allem für Stellen, die meinen, nicht mit der nötigen Entscheidungskompetenz und Erfahrung aufwarten zu können. Aber auch bei erfahrenen Sachbearbeitern und Unternehmen stellt sich der Effekt ein: Die Kostenvorteile des zweifellos auch Kosten verursachenden Scorings würden verloren gehen, wenn neben der Nutzung des Scores noch eine umfassende Einzeldatenbewertung erfolgen würde. Zugleich ist die Berufung auf den (positiven) Score für den Entscheider ein starkes Indiz: Eine Kreditvergabe bei positivem Score bedarf in der Praxis kaum einer Begründung: Dies verleitet dazu, die für die Vergabe relevanten individuellen Einzelaspekte eher auszublenden (Beckhusen 1873).

Eine besondere Rolle spielt das Scoring bei Kreditverträgen ohne direkten Kontakt zwischen Kreditgeber und Kreditnehmer bzw. im Massengeschäft, das teilweise von externen Dienstleistungsunternehmen, sogenannten Kreditfirmen wahrgenommen wird. Hier ist es für den Kreditgeber oft objektiv nicht möglich, finanziell nicht sinnvoll, den Kreditnehmer umfassend zu beraten und im Rahmen dieser Beratung die individuellen Daten zu erheben, die bei der Kreditvergabe eine Rolle spielen. Umso wichtiger werden – möglichst billige, aber doch risikoadäquate – Auskünfte von Auskunfteien. Liegen über die Vertragspartner keine Negativdaten bei Auskunfteien vor, so gewinnt ein beauskunfteter Score eine entscheidungserhebliche Relevanz. Das stellte auch ein ARD-Sendung zur Schufa in einem ihrer kürzlich ausgestrahlten Beiträge fest und machte die Macht der Auskunftei deutlich (Reschke-Fernsehen: „Die Macht der Schufa: Wer stoppt die Datensammler?", 15.02.2024).

> **Wie relevant sind externe Scores?**
>
> Liegen über eine Person, ein Unternehmen keine Negativ-Daten bei Auskunfteien vor, gewinnt ein externer Score eine entscheidungserhebliche Relevanz. Umgekehrt darf ein Negativ-Score nicht zu selbigen führen, wie der Europäische Gerichtshof forderte und nun auch ein Urteil fällte (siehe Abschn. 2.3.2.4).

Dies gilt für den gesamten Versandhandel mit Verbraucherkrediten und insbesondere für den Online-Handel bzw. den eCommerce.

2.3.1.1 Auf welches Datenmaterial greifen Auskunfteien zurück?

Bevor wir zur Errechnung des Score-Werts in einem Unternehmen kommen (siehe Abschn. 3.1), möchte ich hier noch etwas aus dem Nähkästchen plaudern, auf welches Datenmaterial Auskunfteien zurückgreifen. Welches dann in deren Scoring-Verfahren einfließt und darüber in die von dem jeweiligen Unternehmen genutzten Daten. Jede Auskunftei macht das – wie Unternehmen auch – anders und entwickelt ihr eigenes

Bewertungs- und Scoring-Verfahren auf der Basis des eigenen Portfolios und der zur Verfügung stehenden Daten. Dieses wird im Wesentlichen durch die Struktur der Vertragspartner wie zum Beispiel Banken und Sparkassen, Kreditkartenanbieter, Telekommunikationsunternehmen, Handelsunternehmen etc. und deren Einmeldungen angereichert.

2.3.1.1.1 Schufa bündelt die einzelnen Daten zu fünf Merkmalsbereichen. Im Einzelnen sind das

- Bisherige Zahlungsstörungen, etwa, wenn Rücklastschriften geplatzt sind, ein Mahnverfahren eingeleitet werden musste etc. Also alles, was in der Vergangenheit nicht zu einer fristgemäßen Bezahlung der Rechnungen geführt hat.
- Die Kredit-Aktivität im letzten Jahr.
- Die Nutzung von Krediten.
- Die Länge der Kredithistorie und
- Allgemeine Daten wie Geburtsdatum, Geschlecht oder die Anzahl der verwendeten Anschriften.
- Daten zur Wohngegend werden nur äußerst selten – in 0,3 % aller Fälle – und dann nur auf Wunsch von Geschäftspartnern verwendet. Aussagen zur Gewichtung der Merkmalsbereiche veröffentlicht die Schufa nicht.

2.3.1.1.2 Experian verwendet mit absteigender Gewichtung vier Parameter. Dazu gehören

- Anschriftendaten etwa Adresse, Zahlungsverhalten im Wohnumfeld, Auswertungen von Eintragungen in öffentliche Register, Daten aus amtlichen Statistiken.
- Daten zur Person wie Alter, Geschlecht, Familienstand, Anzahl Haushaltsmitglieder und auch die Dauer an einem Wohnort.
- Wohnsituation sprich Gebäudedaten und
- den Informa-Score.

2.3.1.1.3 Creditreform macht unter Berufung auf sein Geschäftsgeheimnis keine näheren Angaben zu den verwendeten Merkmalen

Es ist jedoch aufgrund der Ausführungen in den Selbstauskünften bekannt, dass Creditreform „harte" Fakten, nämlich Daten aus den Mahnverfahren und Adressdaten verwendet.

2.3.1.1.4 Crif nutzt folgende Datenarten

- „Harte" Daten wie Insolvenzverfahren und Schuldnerverzeichniseinträge.
- Laufende sowie erledigte Inkassoverfahren und -überwachungsverfahren.
- Alter und Geschlecht gegebenenfalls auf Basis von Vornamensanalysen.
- Funktionsträgerschaft bei Unternehmen etwa Geschäftsführung, Prokura, Inhaberschaft bzw. Finanzstatus des Unternehmens.
- Wohndauer an der aktuellen Anschrift.
- Telefonanschluss, falls vorhanden.
- Finanzstatus des Haushalts also den Kaufkraftindex.
- Anschriftendaten im Hinblick auf bonitätsrelevante aggregierte Daten des unmittelbaren Wohnumfeldes.

Da die meisten Anfragen an Crif von Telekommunikations-Unternehmen und kleinen Gewerbetreibenden zur Betrugsprävention stammen, nutzt die Auskunftei weitere Datenquellen wie:

- Daten von anderen Inkasso-Unternehmen (nicht von Creditreform).
- Die Tochterfirma Europro kann Adressüberprüfungen vornehmen.
- Der Kaufkraftindex wird mit angekauften Schober Direkt Media Daten abgebildet, die aus der Schober Lifestyle Befragung stammen.
- Zusätzlich fließen Daten vom Kraftfahrt-Bundesamt ein.
- Für die Anschriftendaten zieht die Auskunftei die „Schober Hausdatei" heran, da PLZ-Daten oder Straßenabschnittsdaten zu inhomogen sind.

- Das Alter wird als „diskriminierende Variable zur Risikoeinschätzung" verwendet, „nicht als diskriminierende Variable im Sinne des AGG." Die Wohndauer an der aktuellen Anschrift interpretiert das Unternehmen als Stabilitäts- und Konstanzkriterium.
- Außerdem verwendet Crif Namen und Vorname(n),
- die aktuelle Adresse,
- das Geburtsdatum,
- soweit vorhanden Zahlungserfahrungen (auch aus dem Wohnumfeld) und
- einen Warenkorbwert. Das ist möglich, indem User Cookies akzeptieren und so eine Spur im Internet hinterlassen, die entsprechend ausgewertet wird. So weiß die Auskunftei, wie viele Deos oder Windeln jemand kauft und kann auch ermitteln, ab wann möglicherweise eine kriminelle Handlung besteht. Etwa wenn jemand plötzlich statt einem Deo im Monat, 50 Stück ordert. Mehr dazu im Kapitel Fraud.

Grundsätzlich gibt es zwischen den Auskunfteien bei den Bonitätskriterien keine abgestimmte Vorgehensweise, da die einzelnen Auskunfteien über eine unterschiedliche Datenbasis verfügen. Dementsprechend sind die Datensätze der Auskunfteien verschieden und die Gewichtung folglich auch.

Bei meinen Recherchen wurden, wie bereits erwähnt, Aussagen zum Verfahren überwiegend abgelehnt: Creditreform beruft sich auf sein Geschäftsgeheimnis. Die Schufa berichtet lediglich, dass die Parameter mit dem Hessischen Datenschutzbeauftragten abgestimmt seien. Die Auskunftei Crif GmbH benutzt wissenschaftlich anerkannte mathematisch-statistische Verfahren zur Berechnung von Scores. Nähere Auskünfte zu den Verfahren liegen daher nur von Bürgel und Experian vor.

2.3.1.2 Bürgel und Schufa sprechen auch über die genutzten Verfahren

Bürgel verwendet das Verfahren der „Logistischen Regression" und sagt, dass als Vorstufe der Regressionsanalyse (siehe Abschn. 3.2.1) sämtliche Prädiktoren in disjunkte Klassen eingeteilt wurden. Als exploratorisches

Klassifikationsinstrument wurden für die spezifische Aufgabenstellung geeignete Varianten des CART-Verfahrens (Classification And Regression Trees) genutzt.[1] Als Alternative zu Standard-Signifikanztests wurden in Klassifizierungsanalysen auch verteilungsfreie Maße wie insbesondere der Tukey-Test herangezogen.[2] Validierungen von Modellentwicklungen wurden sowohl im Split-Half-Verfahren[3] als auch auf Basis unabhängiger, neuer Daten durchgeführt.

Als Input bei Experian werden zunächst historische Kundendaten erfasst, mit dem Ziel zukünftiges Verhalten zu prognostizieren. Nach dieser Darstellung werden in einer univariaten Analyse Plausibilitätsprüfungen durchgeführt, Scheinkorrelationen aufgedeckt und Kategorien gebildet. Durch eine anschließende multivariate Analyse wird dann mithilfe logistischer, kategorieller und linearer Regression eine Score-Card zur Prognose der Zielgröße entwickelt. Am Ende wird ein Validierungsprozess durchgeführt.

> **Score-Card**
>
> Ist ein bestimmtes Punkteraster, das anhand von mathematisch-statistischen Formeln ermittelt wird, um eine Aussage zu einer bestimmten Zielgröße zu treffen.

Unisono betonen die Auskunfteien, dass sie sich bei dem Einsatz ihrer Verfahren exakt an die gesetzlichen Vorschriften halten. Das heißt auch, dass Anschriftendaten nicht zu mehr als 50 % in die Gewichtung einfließen, gemäß § 28b BDSG. Mehr zu diesem wichtigen Scoring-Paragrafen in Abschn. 2.3.2.

Ansonsten ergibt sich der Stellenwert der einzelnen berücksichtigten Merkmale aus den Regressionskoeffizienten[4].

---

[1] CART ist die Abkürzung des englischen Begriffs *Classification and Regression Tree*, was bedeutet, dass die Auswahl der Attribute durch die Maximierung des Informationsgehalts gesteuert wird.

[2] Er geht auf den US-amerikanischen Statistiker John Tukey (1915–2000) zurück, mit dem es möglich ist, Mehrfachvergleiche anzustellen.

[3] Der Split-Half-Test ist ein Verfahren, bei dem in zwei Hälften unterschieden wird und jede Hälfte stellt eine Paralelltest zur anderen dar.

[4] Ein Regressionskoeffizient misst, welchen Einfluss eine Variable innerhalb einer Regressionsgleichung hat.

Mit Ausnahme der Schufa verwenden alle oben genannten Auskunfteien Daten aus dem sogenannten Geo-Scoring.

> **Geo-Scoring**
> Geo-Scoring ist eine mathematisch-statistische Analysetechnik, bei der geografische Daten und Standortinformationen verwendet werden, um das Verhalten und die Bedürfnisse von (potenziellen) Kunden besser zu verstehen. Dabei werden geografische Faktoren wie Standort, Einzugsgebiet, Kaufkraft und Verkehrsanbindung analysiert. Mit dem Ziel, raumbezogene Vorhersagen zu machen und die Attraktivität eines Gebietes zu bestimmen.

Crif nutzt regelmäßig Geo-Scoring-Daten in ihrer Score-Berechnung. Der Wortlaut des § 28b BDSG (siehe Abschn. 2.3.2) indiziere bereits, dass Daten zum Wohnumfeld Informationen darstellen, die für die Berechnung der Wahrscheinlichkeit eines zukünftigen Verhaltens erheblich sein können. Anhand bonitätsrelevanter Daten zum Wohnumfeld lassen sich statistische Ausfallwahrscheinlichkeiten für eine bestimmte Wohnanschrift ermitteln. Bonitätsrelevante Daten bezüglich des Wohnhauses eines Betroffenen sind ein wichtiger Baustein für die Berechnung von Score-Werten und werden dementsprechend von Crif genutzt.

Die Creditreform greift auf Geo-Scoring in eingeschränkter Weise zurück: Microm (vgl. auch www.microm-online.de), eine Tochter der Creditreform-Tochter Boniversum, verfügt in Deutschland über 150 verschiedene Merkmale für jedes Haus. Die Merkmale umfassen die Größe des Hauses an der entsprechenden Adresse, das Alter der Bewohner, ob Kinder dort wohnen, den Bildungsgrad, inwieweit Zahlungsstörungen vor Ort vorliegen und welche Informationen über die Straße zur Verfügung stehen. Einige Informationen werden zurzeit für die Berechnung des Scorings genutzt. Inwieweit es Korrelationen zwischen diesen Daten und Zahlungsausfällen gibt und wie diese genutzt werden, ist bis dato nicht bekannt.

Die Crif GmbH nimmt zu dieser Frage in folgender Weise Stellung: Nach § 28b BDSG (siehe Abschn. 2.3.2) ist es untersagt, ein Scoring rein auf Grundlage von Geo-Daten zu ermitteln, es sei denn, der Betroffene ist vorher über die vorgesehene Nutzung dieser Daten unterrichtet worden. Crif folgt dieser Gesetzeslage und erstellt Auskünfte – soweit bekannt – nicht ausschließlich oder überwiegend per Geo-Scoring. Genutzt werden bei Crif Informationen zum Wohnumfeld, Anschrift, Straße sowie Postleitzahl.

2.3.1.3 Weitere Scoring-Parameter

Es gibt ganz verschiedene Scoring-Parameter etwa das Geo-Scoring, wie Sie bereits gehört haben. Das benutzen Auskunfteien und damit auch Unternehmen. Gleichzeitig gibt es noch ein paar andere – etwa das Versicherungs-Scoring, was Versicherungsunternehmen durchführen, aber auch das Beschäftigten- und Bewerber-Scoring. Letztere leistet sich fast jede größere Firma, um die richtigen Mitarbeiter zu finden. Daneben gibt es verschiedene andere, die – wie auch das Mitarbeiter- und Bewerber-Scoring – weniger mit den Scoring-Parametern zu tun haben, die für die Bonitätsprüfung von Relevanz sind. Darunter fallen neben dem bereits erwähnten Geo-Scoring auch das Inkasso-Scoring.

Inkasso-Scoring
Beim Inkasso-Scoring wird das Zahlungsverhalten über eine fällige Forderung bewertet. Da nicht das Verhalten bezüglich der Begründung, Durchführung oder Beendigung eines Schuldverhältnisses im Focus steht, wird auch hier § 28b BDSG für unanwendbar gehalten (Wäßle und Heinemann 2010).

Ein dritter Scoring-Parameter kann zudem für Unternehmen und Bonitätsprüfer entscheidend sein: das Vertrags-Scoring.

Vertrags-Scoring
Mit dem Vertrags-Scoring ist es möglich, allgemeine Risiken wie Vertragsverstöße oder Zahlungsmängel und die Bonität einzuschätzen (Abel 2006). Diese Art des Scorings dient dazu, eine Voraussage über Vertragsverstöße oder Zahlungsmängel machen zu können. Darunter fallen auch:

- das Scoring in Bezug auf bestimmte Vertragsarten (zum Beispiel Mietvertrag, Telekommunikationsvertrag, Leasingvertrag, Kreditvertrag) und
- das Scoring in Bezug auf bestimmte Vertragsstadien (Abschlusswahrscheinlichkeit, voraussichtliche Dauer, erwartete Leistungsstörungen, Inkassoverhalten) (Urbatsch 2005).

Kredit-Scoring

Eine spezielle Form des Vertrags-Scorings ist das Kredit-Scoring, ein Verfahren zur Unterstützung der Entscheidung über das Zustandekommen eines Kreditvertrags (Urbatsch 2005). Es hilft festzustellen, ob der Kreditnehmer persönlich und sachlich kreditwürdig ist, er seiner Rückzahlungsverpflichtung nachkommen will und dazu auch wirtschaftlich in der Lage ist (Woiber 2003). Das Kredit-Scoring soll die Kreditausfall-Wahrscheinlichkeit benennen. Dies erfolgt anhand von zuvor definierten, als kreditrelevant angesehenen Merkmalen, die von Kreditnehmern erhoben werden (Petri 2005), siehe Abschn. 2.3.2.2. Auf diese Weise lässt sich für Unternehmen bestimmen: Lohnt sich ein Vertragsabschluss oder nicht? (Abel 2006). Auch die wahrscheinliche Laufzeit des Vertrags kann durch Scoring ermittelt werden (Abel 2006).

2.3.2 Die Daten und § 28b Nr. 2BDSG

Kommen wir zum Rechtlichen und der Frage: Welche Daten dürfen laut Gesetzgeber exakt erhoben werden? Als zulässige Datenbasis stehen gemäß § 28b Nr. 2 BDSG allein die nach § 28 BDSG oder § 29 BDSG zulässig erhobenen Daten zur Verfügung und aus dieser Gruppe nur die für die Berechnung erheblichen. Eine Auskunftei darf danach für ihre Kunden nur die Daten in eine Score-Wert-Berechnung einfließen lassen, die sie nach § 29 BDSG an diesen Kunden übermitteln dürfte und die für die Berechnung erheblich sind.

Was besagt § 28b BDSG?

Zum Zweck der Entscheidung über die Begründung, Durchführung oder Beendigung eines Vertragsverhältnisses mit dem Betroffenen darf ein Wahrscheinlichkeitswert für ein bestimmtes zukünftiges Verhalten des Betroffenen erhoben oder verwendet werden, wenn ...

1. die zur Berechnung des Wahrscheinlichkeitswerts genutzten Daten unter Zugrundelegung eines wissenschaftlich anerkannten mathematisch-statistischen Verfahrens nachweisbar für die Berechnung der Wahrscheinlichkeit des bestimmten Verhaltens erheblich sind,

2. im Fall der Berechnung des Wahrscheinlichkeitswerts durch eine Auskunftei die Voraussetzungen für eine Übermittlung der genutzten Daten nach §29 BDSG und in allen anderen Fällen die Voraussetzungen einer zulässigen Nutzung der Daten nach §28 BDSG vorliegen,
3. für die Berechnung des Wahrscheinlichkeitswerts nicht ausschließlich Anschriftendaten genutzt werden,
4. im Fall der Nutzung von Anschriftendaten der Betroffene vor Berechnung des Wahrscheinlichkeitswerts über die vorgesehene Nutzung dieser Daten unterrichtet worden ist; die Unterrichtung ist zu dokumentieren.

Stand Mai 2010.

Der Gesetzgeber und der Begriff „Scoring"

Der Gesetzgeber wählte in § 28b BDSG den Begriff „Scoring" lediglich als Überschrift, um Zweck und Anforderungen für die Zulässigkeit der Berechnung eines Wahrscheinlichkeitswertes näher zu beschreiben (Heinemann 2008). Er liefert keine explizite Definition. Im Grunde genommen handelt es sich beim Scoring auch um eine Form der Big Data Analyse. Der Begriff „Big Data" wird vielseitig verwendet, bezieht sich jedoch allgemein auf umfangreiche Datenmengen, die zum Beispiel täglich durch die Nutzung des Internets generiert werden. Unternehmen speichern, verarbeiten und analysieren diese Datenmengen. Das Scoring ist dabei eine spezifische Ausprägung dieser Analyse.

Bei diesem Verfahren werden zunächst umfangreiche Datenmengen gesammelt, die dann unter algorithmischer Verarbeitung dazu dienen, einen Wahrscheinlichkeitswert (Score-Wert) für zukünftiges individuelles und/oder kollektives Verhalten zu ermitteln. Dieser Score-Wert kann für unternehmensbezogene Entscheidungen herangezogen werden. Ursprünglich wurde das Scoring eingesetzt, um anhand dieses Wahrscheinlichkeitswertes die Kreditwürdigkeit von Kunden zu bewerten und darauf basierend Entscheidungen bezüglich Kreditvergaben zu treffen (Kreditscoring). Mittlerweile findet dieses Verfahren auch in anderen Lebensbereichen Anwendung, um Werte zu ermitteln.

Wie bereits erwähnt, taucht der Begriff zumindest in der Gesetzesüberschrift des § 28b des Bundesdatenschutzgesetzes (BDSG) auf, was darauf hindeutet, dass diese Norm sich mit dem Thema Scoring näher auseinandersetzt. Hierbei ergibt sich jedoch das erste Problem. Das BDSG wurde ursprünglich im Jahr

1977 eingeführt, erfuhr seine letzte große Reform im Jahr 1990 und wurde seitdem mehrmals erweitert. Dennoch erfolgte keine tatsächliche Anpassung an die sich wandelnden Technologien, insbesondere im Bereich Big Data.

Gestatten Sie mir einen kleinen Rückblick: Das Scoring wurde lediglich im Jahr 2009 im Rahmen einer partiellen Novellierung in das BDSG aufgenommen. Obwohl in der Überschrift der Begriff „Scoring" verwendet wird, scheint auf den ersten Blick nur das Kreditscoring gemeint zu sein. Dies lässt sich darauf zurückführen, dass zum Zeitpunkt der Regelung dem Gesetzgeber hauptsächlich das Kreditscoring Sorgen bereitete. Man ging davon aus, dass einmal erstellte und nicht variierende, sogar selbstlernende Algorithmen sowie eine mehr oder weniger klar umrissene Datenbasis verwendet werden. Zu dieser Zeit standen die Möglichkeiten der Analyse von unendlich vielen Daten noch nicht im Fokus.

Und während diese Entwicklung im Zuge der Technologisierung, des Machine Learnings und der künstlichen Intelligenz voranschreitet, ist die Gesetzeslage unverändert geblieben Es lässt sich festhalten, dass es zwar eine Regelung zum Scoring gibt, diese jedoch möglicherweise nicht auf jede Form des Scorings uneingeschränkt anwendbar ist.

2.3.2.1 Wichtig: Vollständige und richtige Daten

Eine Grundvoraussetzung für die Qualität von Scoring-Verfahren ist die Vollständigkeit und Richtigkeit der verwendeten Daten. Unvollständige und unrichtige Datensätze führten in der Vergangenheit häufig zu Verbraucherklagen. So wurden beispielsweise Angaben zu Forderungen gegenüber den Betroffenen ohne weitere Voraussetzungen an Auskunfteien übermittelt.

Zur Schaffung einheitlicher Anforderungen hat der Gesetzgeber daraufhin 1991 § 28a BDSG geschaffen. Dieser lässt eine Datenübermittlung an Auskunfteien nur noch unter bestimmten Voraussetzungen zu. Die Übermittlung personenbezogener Daten über eine Forderung an Auskunfteien ist demnach nur zulässig:

- soweit die geschuldete Leistung trotz Fälligkeit nicht erbracht worden ist.
- die Übermittlung zur Wahrung berechtigter Interessen der verantwortlichen Stelle oder eines Dritten erforderlich ist und beispielsweise die Forderung durch ein rechtskräftiges oder für vorläufig vollstreckbar erklärtes Urteil festgestellt worden ist.

- die Forderung nach § 178 InsO festgestellt und nicht vom Schuldner im Prüfungstermin bestritten worden ist.
- die Forderung anerkannt wurde oder für fällige Forderungen mindestens zwei schriftliche Mahnungen ausgesprochen wurden, zwischen den Mahnungen mindestens vier Wochen liegen,
- der Betroffene rechtzeitig über eine Datenübermittlung unterrichtet wurde und er die Forderung nicht bestritten hat.

Zwei Praxisprobleme der Datenhaltung beim Scroing-Verfahren
1. Ein Praxisproblem besteht darin, dass die Betroffenen häufig Einreden und Einwände gegen die Forderungen geltend machen, wie etwa Verjährung, Erfüllung oder Aufrechnung – eine Einmeldung an die Auskunftei durch das Unternehmen aber trotzdem erfolgt. Die Betroffenen erhalten von den Datenübermittlungen regelmäßig keine Kenntnis. Die einmeldenden Stellen sehen dabei teilweise keine Veranlassung, eine Nachberichtigung gegenüber den Auskunfteien vorzunehmen. Die Betroffenen erhalten von den Einmeldungen nur dann Kenntnis, wenn etwa ein Vertragsabschluss durch ein Unternehmen mit Verweis auf einen Score-Wert abgelehnt wird oder wenn die Betroffenen eine Auskunft von der jeweiligen Auskunftei verlangen. In diesem Zusammenhang müssten vor allem die gesetzlichen Unterrichtungspflichten gegenüber den Betroffenen verstärkt werden und sie müssten, so sie nachfragen, Einsicht in ihre Daten erhalten.
2. Ein weiteres Praxisproblem besteht darin, dass der Gesetzgeber sich zur Einholung von Einwilligungserklärungen bezüglich der Einmeldung weiterer Negativdaten in der Gesetzesbegründung nicht äußert. Im Zusammenhang mit der Einmeldung von Positivdaten im Rahmen von § 28a Abs. 2 BDSG, ist es möglich, Unternehmen die Übermittlung von personenbezogenen Angaben über die Begründung, ordnungsgemäße Durchführung und Beendigung bestimmter Vertragsverhältnisse nach Durchführung einer Interessenabwägung zu gewähren, führt der Gesetzgeber aus, und dass weitere Positivdaten auf Basis einer Einwilligungserklärung des Betroffenen nach § 4 Abs. 1, 4a BDSG übermittelt werden dürfen (Unabhängiges Landeszentrum für Datenschutz Schleswig-Holstein 2014). Für Negativdaten im Rahmen von § 28a Abs. 1 BDSG würde eine solche Einwilligung des Betroffenen kaum freiwillig erfolgen, sodass die Erklärung nicht wirksam wäre. Allerdings gehen die Unternehmen teilweise dazu über, entsprechende Einwilligungen über die Einmeldung von Negativdaten einzuholen, die nicht im Katalog des § 28a Abs. 1 BDSG genannt sind. Hier bedarf es einer gesetzgeberischen Klarstellung, dass § 28a Abs. 1 BDSG eine abschließende Regelung darstellt.

Im Übrigen regelt § 28b Nr. 3 BDSG, dass zur Berechnung des Wahrscheinlichkeitswerts nicht ausschließlich Anschriftendaten genutzt werden dürfen. Die Vorschrift weist Mängel auf, da es dem Wortlaut nach bereits ausreichen würde, wenn neben der Anschrift nur ein weiteres Datum vorhanden ist und allein aus diesen Angaben eine bonitätsrelevante Aussage getroffen werden soll. Dabei frage ich mich erneut, ob Anschriftendaten überhaupt eine bonitätsrelevante Angabe sein können. Die Angaben zur Wohnlage müssen nicht zwingend mit der Solvenz oder Insolvenz einer natürlichen Person im Zusammenhang stehen. Eine Bezugnahme auf die Nachbarschaft des Betroffenen erscheint in meinen Augen nicht zielführend. Der Gesetzgeber sollte seine Entscheidung, Anschriftendaten als bonitätsrelevante Variable einzustufen, überdenken, gerade auch im Hinblick auf § 10 Abs. 2 S. 4 KWG, in dessen Katalog zulässiger Datenkategorien Anschriftendaten keine Erwähnung finden.

> **Unternehmen und Privatpersonen werden transparenter**
> Für Unternehmen ist es gut, dass Auskunfteien auf Daten zurückgreifen, gleichzeitig wird der Angefragte transparenter – sowohl das Unternehmen als auch die Privatperson.

2.3.2.2 Manche personenbezogenen Daten weisen gemäß § 3 Abs. 9 BDSG keine Bonitätsrelevanz auf

Personenbezogene Daten, die nicht mit Ausfallrisiken in Beziehung gesetzt werden dürfen, sind Daten über:

- Die rassische und ethnische Herkunft einer Person,
- ihre politischen Meinungen,
- ihre religiösen oder philosophischen Überzeugungen,
- ihre Gewerkschaftszugehörigkeit,
- ihre Gesundheit oder
- ihr Sexualleben.

Speziell die Verarbeitung von Gesundheitsdaten unterliegt nach § 28 Abs. 6 BDSG strengen Verarbeitungsbeschränkungen. Darüber hinaus dürfen auch keine Angaben in die Bewertung einfließen, die in § 1 AGG aufgeführt sind. Hierzu zählen mit einigen Überschneidungen zum Anwendungsbereich des § 3 Abs. 9 BDSG

- die ethnische Herkunft,
- das Geschlecht,
- die Religion oder Weltanschauung,
- eine Behinderung,
- das Alter und
- die sexuelle Identität.

Die Verwendung dieser Angaben in einer Score-Wertberechnung und die Durchführung belastender Entscheidungen auf Basis eines auf diese Weise zustande gekommenen Scores würde zu Benachteiligungen der Betroffenen führen, die durch das AGG ausgeschlossen werden sollen. Zur Klarstellung könnte der Gesetzgeber mit Blick auf § 10 Abs. 2 S. 1 Nr. 3 KWG die Verwendung von besonderen personenbezogenen Daten nach § 3 Abs. 9 BDSG und Angaben nach § 1 AGG in einer Neufassung der Scoring-Regelungen im BDSG unter ein Verbot stellen.

2.3.2.3 Manche Daten besitzen Sonderstatus und sind zulässig

Personenbezogenen Daten, die nach ihrer Herkunft allgemein zugänglichen Quellen entnommen wurden, sind zum Teil zulässig. Die Anforderungen für eine zulässige Erhebung ergeben sich aus § 28 Abs. 1 S. 1 Nr. 3, § 29 Abs. 1 S. 1 Nr. 2 BDSG. Die Nutzung personenbezogener Daten aus allgemein zugänglichen Quellen hat bei der Berechnung von Score-Werten Bedeutung. Das wird durch den Verweis auf die §§ 28, 29 BDSG in § 28b Nr. 2 BDSG deutlich.

Das Spektrum des Sonderstatus
Zu den allgemein zugänglichen Quellen zählen Informationsquellen, die sich „sowohl ihrer technischen Ausgestaltung als auch ihrer Zielsetzung nach dazu eignen, einem individuell nicht bestimmbaren Personenkreis Informationen zu

vermitteln" (Gola und Schomerus 2012). Angaben aus Zeitungen, Zeitschriften, Rundfunk und Fernsehen sollen hiervon erfasst sein, nicht hingegen Informationen, die aus Grundbüchern oder Schuldnerverzeichnissen stammen, da der Zugang zu letzteren von einem berechtigten Interesse abhängig ist (Simitis 2011). Angaben sollen dann nicht aus öffentlich zugänglichen Quellen stammen, wenn die Daten gegen den Willen des Betroffenen anderen Personen zur Kenntnis gegeben werden. Anhaltspunkte für einen solchen entgegenstehenden Willen sollen sich aus der Veröffentlichungsform ableiten lassen, was etwa für Bereiche in sozialen Netzwerken wie Facebook angenommen wird, die nur bestimmten Personen zugänglich sind (Wedde et al. 2014).

Die Erfordernis einer Anmeldung bei einem sozialen Netzwerk soll an der allgemeinen Zugänglichkeit einer Quelle nichts ändern, wenn die Anmeldung nicht an besondere Voraussetzungen geknüpft wird und dadurch keine wirksame Beschränkung des Teilnehmerkreises erreicht werden kann. Die Feststellung eines der Veröffentlichung entgegenstehenden Willens des Betroffenen wird im Einzelfall schwer feststellbar sein. Bestehen keine deutlichen Anhaltspunkte für einen solchen Willen, wird die Annahme einer allgemein zugänglichen Quelle auch im Zusammenhang mit sozialen Netzwerken nicht zu beanstanden sein. Allerdings liegt der Schwerpunkt der Prüfung dann auf der Frage, ob das schutzwürdige Interesse des Betroffenen am Ausschluss der Verarbeitung oder Nutzung gegenüber dem berechtigten Interesse der verantwortlichen Stelle offensichtlich überwiegt (§ 28 Abs. 1 S. 1 Nr. 3 BDSG). Bzw. ob das schutzwürdige Interesse des Betroffenen an dem Ausschluss der Erhebung, Speicherung oder Veränderung offensichtlich überwiegt (§ 29 Abs. 1 S. 1 Nr. 2 BDSG).

> **Nicht Score-Wert-relevante Daten sind**
> Ein berechtigtes Interesse der verantwortlichen Stelle fehlt bereits, wenn es sich nicht um bonitätsrelevante Daten handelt. Angaben zum Freizeitverhalten, Schilderungen zu privaten Beziehungen oder zum Konsum zählen zur privaten Sphäre des Betroffenen. Werden entsprechende Informationen in sozialen Medien verbreitet, so dürfen diese nicht in eine Score-Wert-Berechnung einfließen. Ein Zusammenhang mit einem abträglichen Zahlungsverhalten kann aus solchen Informationen bislang nicht hergestellt werden. Zusätzlich überwiegt in diesen Fällen offensichtlich das berechtigte Interesse des Betroffenen, dass diese Daten in Scoring-Verfahren auszuschließen sind.

2.3.2.4 Ein neues EU-Verfahren sorgt für Aufregung bei der Schufa

Welche Dimension die von Auskunfteien verwendeten Daten für die Bonitätsprüfung mancher Unternehmen haben, zeigt ein sehr aktuelles Verfahren des Europäischen Gerichtshofs (EuGH). Bereits im Frühjahr 2023 hat der Generalstaatsanwalt beim EuGH eingebracht, dass Scoring, wie es die Schufa betreibt, möglicherweise rechtswidrig sein könnte, sollte es maßgeblich dafür verantwortlich sein, dass Privatpersonen beispielsweise keinen Handyvertrag erhalten oder nur zu schlechteren Konditionen (Hornung 2023/www.tagesschau.de, abgerufen am 19.09.2023). Grundlage dieses Aufmerksamwerdens des Kadis ist das europäische Datenschutzrecht. Es sieht vor, dass Entscheidungen, die für Menschen eine rechtliche Wirkung besitzen, nicht ausschließlich automatisch getroffen werden dürfen.

Ist jedoch allein oder überwiegend der Schufa-Score ausschlaggebend bei Bonitätsentscheidungen, ist dies in den Augen des Generalstaatsanwalts eine automatische Entscheidung und eine solche sei nicht rechtens. Gerade, wenn sie Verbraucher „beeinträchtigt".

Bereits vor dem Schiedsspruch der europäischen Richter bemühte sich die Schufa gerade sehr, dieses Damoklesschwert und seine Auswirkungen für ihr Geschäftsmodell abzuwenden. An Geschäftskunden hatte die Auskunftei ein Schreiben verschickt, indem sie die Nutzer ihrer Bewertungen um eine schriftliche Bestätigung bat. Nämlich, dass der Schufa-Score bei Bonitätsprüfungen und -bewertungen nicht so wesentlich sei.

Nun ist am 7. Dezember 2023 am Europäischen Gerichtshof entschieden worden, dass die Betroffenenrechte massiv zu stärken sind.

> **Betroffenenrechte wurden massiv gestärkt**
>
> Beim Einsammeln von Daten müssen strikte Regeln eingehalten werden. Noch wichtiger: Gerichte können einschreiten, wenn Datenschützer untätig bleiben. In einem wegweisenden Urteil hat der Europäische Gerichtshof (EuGH) am Donnerstag, den 7. Dezember 23, die Rechte von Bürgern gegenüber Auskunfteien wie der Schufa gestärkt und Verbrauchern gleichzeitig neue Beschwerdewege eröffnet.

Hintergrund
Der EuGH musste sich mit Auskunfteien wie der Schufa und deren Bonitätsscores beschäftigen, weil die europäische Datenschutzgrundverordnung (DSGVO) 2018 die in Deutschland geltenden Regeln für Auskunfteien des Bundesdatenschutzgesetzes abgelöst hat. Vor 2018 wurde beispielsweise die Übernahme von Daten aus öffentlichen Registern leicht gemacht. Der Gesetzgeber wollte das Sammeln von Informationen über die Kreditwürdigkeit bewusst möglich machen. Die Privatwirtschaft sollte sich unkompliziert über das Ausfallrisiko eines Verbrauchers informieren können.

Nun hat der EuGH entschieden, dass Unternehmen nicht automatisiert Daten sammeln dürfen, ohne die Zustimmung der Betroffenen einzuholen, wenn daraus ein Bonitätsscore entsteht. Wenn der Score jedoch nur eines von mehreren Kriterien ist, das in die Kreditvergabe einfließt, dann dürfen weiter Daten automatisiert gesammelt werden. Die Schufa kann sich also von ihren Kunden versichern lassen, dass nicht allein der Score entscheidet – was die Schufa im Vorfeld des Urteils bereits getan hatte. Die EU-Kommission findet das Instrument des Scores wichtig, auch, um Menschen vor Überschuldung zu schützen (Wettach 2023). Gleichzeitig sind gerade auch die Chef-Lobbyisten der Auskunfteien wie der Schufa am Ball, so ein ARD-Bericht, um zu verhindern, dass beispielsweise Verbraucher wirklich Einblick in die verwendeten Daten und die Ermittlung ihres Scores erhalten. Sie versuchen, darauf einzuwirken, dass ein Gesetzesentwurf entsprechend abgemildert wird, da sie um ihre Geschäftsgrundlage fürchten (Reschke-Fernsehen: „Die Macht der Schufa: Wer stoppt die Datensammler?", 15.02.2024).

Zusammenfassung: Auskunfteien und Score-Werte/Ratings

- Auskunfteien, Datenpools und Ratingagenturen liefern externe Daten. Sie sind für die meisten Bonitätsprüfungen mitunter relevant – im B2B- und im B2C-Geschäft.
- Wie sie ihre Scores berechnen ist ihr Firmengeheimnis. In jedem Fall nutzen sie dazu die entsprechenden vorgeschriebenen, wissenschaftlichen Verfahren.
- Die fünf wichtigsten deutschen Auskunfteien heißen Bisnode, Creditreform, Crif, Experian und Schufa.

- Die wichtigsten Datenpools heißen Rücklastschriftpräventions-Pool (RPP), Telekommunikationspool (TKP), TelCo Informationspool, HIS und Fraud Prevention Pool (FPP).
- Bei B2B-Geschäften ist es auch erheblich, Bilanzen und Key Performance Indicators auszuwerten und zu gewichten.
- Per Gesetz wird die Verwendung externer Daten geregelt, welches kürzlich angepasst wurde.
- Gleichzeitig gibt es Daten, die keineswegs score-wert-relevant sind und damit auch nicht gesammelt werden dürfen. Etwa das Freizeitverhalten von Personen oder in welcher Beziehung sie leben.
- Wie stark ein neues Gesetz Verbrauchern in die Errechnung ihrer Scores Einblick gibt, bleibt abzuwarten. Es ist zwar ein Urteil des Europäischen Gerichtshofs ergangen, aber ist ein entsprechender Gesetzesentwurf in der Verabschiedungsphase.

Literatur

Abel, 2006. RDV.
Gola und Schomerus (2012) https://beck-online.beck.de/?vpath=bibdata/komm/GolaSchomerusKoBDSG%5F11/cont/GolaSchomerusKoBDSG.htm BDSG 11 Auflage § 28 Rn 32
Gröger, Stefan Dr, 2022. *Kennzahlen im Forderungsmanagement: Darauf kommt es an*, www.prof-schumann.com (abgerufen September 2023).
Heinemann (2008) https://www.bmi.bund.de/SharedDocs/downloads/DE/veroeffentlichungen/2014/studie-scoring.pdf?__blob=publicationFile&v=1 Datenschutz und Informationsfreiheit, CR 2010, 410, 411. 24. Wäßle/Heinemann, Scoring im Spannungsfeld von Datenschutz und Informationsfreiheit, CR 2010
Höchstötter Dr., Martin, Rätscher Dr., Thomas, 2021. *OTC – "Order to Cash"-Whitepaper, Teil 1*, www.ihrmannfuerscash.de (abgerufen Februar 2024).
Hornung, P. (2023) Die Schufa will nicht so wichtig sein. www.tagesschau.de, 04.09.2023. https://www.tagesschau.de/investigativ/ndr/schufa-score-bedeutung-eugh-100.html (abgerufen September 2023).
Kamp, Meike und Weichert, Thilo, 2005. *Scoringsysteme zur Beurteilung der Kreditwürdigkeit – Chancen und Risiken für Verbraucher*. Vom BMVEL, Projektnummer 04HS051.

Petri (2005) https://www.datenschutzzentrum.de/uploads/projekte/scoring/2005-studie-scoringsysteme-uld-bmvel.pdf 116 Iraschko-Luscher DuD 2005, 468. 117 Petri in LDI (2005), S. 111. 118 Beckhusen S. 222 f.; Urbatsch in LDI (2005), S. 73, 79. 119 Urbatsch in LDI (2005) S

Sander, Beate, 2020. *Die richtige Geldanlage in Krisen und im Cash*, München, Finanzbuchverlag.

Simitis (2011) https://www.bmi.bund.de/SharedDocs/downloads/DE/veroeffentlichungen/2014/studie-scoring.pdf?__blob=publicationFile&v=1 BDSG 7 Auflage § 28 Rn 151

www.ard-mediathek.de, 15.02.2024 Reschka-Fernsehen: „Die Macht der Schufa: Wer stoppt die Datensammler?".

Wäßle und Heinemann (2010): https://www.bmi.bund.de/SharedDocs/downloads/DE/veroeffentlichungen/2014/studie-scoring.pdf?__blob=publicationFile&v=1 Datenschutz und Informationsfreiheit, CR 2010, 410, 411. 24. Wäßle/Heinemann, Scoring im Spannungsfeld von Datenschutz und Informationsfreiheit, CR 2010

Wedde et al. (2014) https://portal.ub.uni-kassel.de/kup/d/9783737600828 BDSG 4 Auflage § 28

Wettach, S (2023) Schufa – Betroffenenrechte massiv gestärkt, in: WirtschaftsWoche online, www.wiwo.de/unternehmen/dienstleister/eugh-urteil-schufa-betroffenenrechte-massiv-gestaerkt/29546190.html?utm_content=organisch&utm_term=ne&utm_medium=sm&utm_campaign=standard&utm_source=LinkedIn#Echobox=1701958968-1, (abgerufen Januar 2024).

Urbatsch (2005) https://www.datenschutzzentrum.de/uploads/projekte/scoring/2005-studie-scoringsysteme-uld-bmvel.pdf Urbatsch, R.-C., Die Entwicklung von Credit-Scoring-Systemen, in LDI NRW, 2005, S. 68-. 85. Verbraucherzentrale Bundesverband (vzbv)

Unabhängiges Landeszentrum für Datenschutz Schleswig Holstein (2014) https://www.bmi.bund.de/SharedDocs/downloads/DE/veroeffentlichungen/2014/studie-scoring.pdf?__blob=publicationFile&v=1 Unabhängiges Landeszentrum für Datenschutz Schlesw, Scoring nach der Datenschutz-Novelle 2009 und neue Entwicklungen Abschlussbericht Az 314-06.01-2812HS021 Förderkennzeichen 2812HS021, 2014

3

Durchführung einer Bonitätsprüfung

In diesem Kapitel widmen wir uns der Bonitätsprüfung. Sie ist im O2C-Prozess oftmals das Herzstück, das darüber entscheidet, ob eine Ware und/oder Dienstleistung geliefert wird bzw. nach welchen Kriterien im Anschluss an die Zahlung verfahren wird.

Wir betrachten in erster Linie das B2C-Geschäft zwischen einem Unternehmen und einer Privatperson. Hier wird bei der Bonitätsprüfung sehr häufig auf externe Daten von Auskunfteien und Datenpools zurückgegriffen. Geprüft werden Negativ-Informationen, dazu gehören in der Vergangenheit nicht oder verspätet bezahlte Rechnungen sowie ungedeckte Konten beim Lastschrifteinzug.

Weitere Informationen können von Privatpersonen etwa im Rahmen einer Selbstauskunft in Fform eines Formulars beim Online-Bestellvorgang erhoben werden. Hierzu zählen das Alter, die finanziellen Verhältnisse sowie der Familienstatus. Um ein regelmäßiges Einkommen nachzuweisen, kann die Privatperson zum Beispiel Gehaltsabrechnungen einfügen. Den regelmäßigen Einnahmen werden anschließend die durchschnittlichen Ausgaben gegenübergestellt. Nach Abzug der Ausgaben muss der verbleibende Betrag ausreichen, um die Kreditrate sowie den Lebensunterhalt zu begleichen.

> **In diesem Kapitel erfahren Sie**
> - Wie ein Score-Wert berechnet wird.
> - Warum Flexibilität in Sachen Risiko für Unternehmen durchaus Sinn machen kann.
> - Welche mathematisch-statistischen Berechnungsmethoden hinter der Bonitätsprüfung stecken.
> - Wie eine solche Berechnung in der Praxis und anhand verschiedener Beispiele aussehen kann.

3.1 Score-Wert-Berechnung und die Wahrscheinlichkeit des Zahlungsausfalles

Der Score-Wert ist der Hüter des heiligen Grals, wenn Sie so wollen. Er entscheidet darüber, ob ein Kunde ein Produkt, eine Dienstleistung erhält oder nicht. Und wie Sie in Abschn. 3.1.1 sehen werden, spielt dabei auch die Frage nach dem Risiko eine Rolle.

Um diesen besonderen Wert zu berechnen, entwickelte die Wissenschaft standardisierte, auf mathematisch-statistisch Analyse von Erfahrungswerten basierende Verfahren. Sie dienen zur Prognose des Verhaltens von Personengruppen und potenziellen oder tatsächlichen Einzelpersonen mit bestimmten Merkmalen (Graf-Schlicker 2022). Dem zugrunde liegt die Annahme, dass das Verhalten einer Personengruppe in der Vergangenheit ihrem zukünftigen Handeln entspricht und sich das Verhalten von Personen mit vergleichbaren Merkmalen ähnelt.

In der Regel werden zur Berechnung des Scores logistische Regressionsmodelle verwendet.

> **Regressionsanalyse**
> Die Regressionsanalyse ist ein Statistik-Tool und kann Beziehungen zwischen einer abhängigen und einer oder mehreren unabhängigen Variablen modellieren. Denn einige Daten sind exakt, andere nur eine Range, das heißt, sie geben nur eine Bandbreite an.

> **Beispiel Hausnummer**
>
> Ist unser Kunde am 02.07.1976 geboren, ist das exakt – sprich ein bekannter Punkt –, der bei der Bewertung des zu ermittelnden Scores entsprechend bepunktet werden kann, sofern Sie sich für ein Punktesystem entscheiden. Hier im Beispiel gebe ich ihm einen Wert von, sagen wir, 100. Wohnt dieser Kunde in München in der Dachauer Straße und gibt keine Hausnummer an, ist das weniger exakt, als bei einer Adresse auf dem Land, die als Straßennamen „Öd 2" führt. Das ist in diesem Fall exakt, denn in ländlichen Gegenden gibt es meist keine andere Wohnung an einer solchen Adresse. Und an der Stelle gilt es bei der Berechnung des Score-Werts, mit Variablen zu arbeiten. Grundsätzlich erhält diese exakte Angabe – bei einem Berechnungswert von 100 – den Wert „100" für diesen Punkt. Während derjenige, der in München wohnt und beispielsweise keine Hausnummer eingetragen hat, einen schlechteren Berechnungswert von, sagen wir, 50 erhält – im Vergleich zu jemandem, der die Hausnummer genannt hat.

Bei dieser Analyse, die man mit jedem einzelnen Faktum macht, das der jeweilige Prüfer zur Bonitätsprüfung heranzieht, kommt oft ein mehrstufiges Verfahren zum Einsatz.

In einem ersten Schritt der Regressionsanalyse werden alle verfügbaren Daten und Informationen (externe und interne) gesammelt und auf Redundanz geprüft. Sind einige der Daten doppelt also redundant, werden sie aussortiert. Als nächsten Schritt führe ich als Bonitätsprüfer univariate Tests mit den einzelnen Variablen durch. Das heißt, ich prüfe über Korrelationsanalysen, welchen Erklärungswert jede einzelne Variable isoliert hat. Daraus bilde ich eine sogenannte Shortlist.

Anhand multivariater Modellrechnungen finde ich heraus, welche Kombination bzw. welche Kombinationen die höchste Erklärungskraft besitzen, indem wir mehrere Score-Cards[1] validieren: Was hat die stärkste Aussagekraft? Etwa wenn ich „Öd 2" als Straße exakt 100 Punkte gebe und dem Hochhaus in der Dachauer Straße oder dem Kunden ohne Straßeneintrag nur 50 Punkte? Die ausgewählten Variablen fließen dann in die Konstruktion der Bewertungsmatrix ein. Mit ihren bestimmten Werten sind sie praktisch die Instanz, die darüber entscheidet, ob jemand

---

[1] Score-Card ist eine aus verschiedenen Scores errechnetes Punkteergebnis mit dem Ziel eine Zielgröße festzulegen.

nach diesen Kriterien kreditwürdig ist oder nicht. Anhand dieser Berechnungen wird eine Score-Card auf einen sogenannten Cut-off-Wert (siehe Abschn. 3.2.1) festgelegt. Mit dieser Grundlage ist es möglich, bei Online-Orders blitzschnell hopp oder top zu sagen und damit nachfolgende Prozesse entsprechend einzuleiten.

Verständlicherweise macht es Sinn, die Score-Card ein- bis zweimal pro Jahr zu validieren, auch, um sie veränderten Unternehmens-, Markt- und Kundengewohnheiten anzupassen.

> **Zur Unterscheidung von Scoring und Rating**
> Für Unternehmen und Finanzinstitute ist das Scoring eine wichtige Methode, um Risiken besser einschätzen zu können. Das Rating drückt zusammenfassend die Ausfallwahrscheinlichkeiten und damit die Kreditwürdigkeit – die Bonität – eines Kunden aus.

3.1.1 Wie halten wir es mit dem Risiko?

Ganz entscheidend beim späteren Einsatz der Score-Cards ist die Frage: Wie halten wir es mit dem Risiko? Möchte das Unternehmen ins Risiko gehen, und wenn ja, wie weit? Oder will es nur nahezu 100 % solvente Käufer und dementsprechend auf Marktanteile und gegebenenfalls auf Umsatz verzichten? Dem zu Grunde liegen zwei Berechnungsmodelle. Das Modell der Ausfallwahrscheinlichkeit (auch „Expected Loss"-Modell genannt) und das der Gewinnmaximierung.

„Expected Loss"-Modell
Das Expected-Loss-Modell bedeutet bei einem angenommenen Beispiel-Unternehmen, dass alles, was einen schlechteren Wert als zum Beispiel einen Score-Card-Wert von 500 hat, eine sehr hohe Ausfallwahrscheinlichkeit besitzt und für das Bestellen von Produkten und Dienstleistungen durchs Raster fällt, während Personen mit einem Score-Wert von 100 bis 400, bei denen kein Ausfall droht, bedient werden und in der Bandbreite von 400 bis 499 ein kalkuliertes Risiko besteht. Die Range, die ich hier beispielhaft annehme, ist im Übrigen frei erfunden.

Die Definition für dieses Modell wurde erstmalig für die Kapitalanforderungen im Bankenbereich zur Einlagensicherung erstellt. Beim „Expected Loss"-Modell, das in der späteren Formel als E(L) abgebildet wird, gliedert sich der zu erwartende Schaden in drei Komponenten. Genauer sind das:

- die Ausfallwahrscheinlichkeit (PD abgeleitet von dem englischen Wort „Probability of Default"),
- der Schaden im Ereignisfall (LGD oder „Loss given Default") und
- die Außenstände im Ereignisfall (EAD von engl. Exposure at Default).

Der zu erwartende Verlust etwa über den Zeitraum eines Jahres, eines Quartals oder Monats errechnet sich aus:

$$E(L) = PD \cdot EAD \cdot LGD$$

Um die einzelnen Größen PD, LGD und RR (Beitreibungsquote oder „Recovery Rate") zu ermitteln, wurde viel Forschungsaufwand betrieben. Zur Bestimmung der Ausfallwahrscheinlichkeit (PD) werden statistische Verfahren genutzt, von denen die Regression das gebräuchlichste ist. Es ist in vielen Bereichen auch von Seiten des Verbraucherschutzes her das akzeptierteste. Der Schaden im Ereignisfall (LGD) ist vor allem im Bankenbereich ausführlich definiert und intensiv erforscht worden. Andere Branchen gewähren bei der Ermittlung des Betrages einiges mehr an Individualität. Dadurch lassen sich internes Expertenwissen, analytische Expertise sowie unternehmerischen Zielvorgaben berücksichtigen.

Auch der Beitreibungsquote (RR) beziehungsweise dem nicht mehr betreibbaren Anteil (1 − RR) widmete die Wissenschaft in der Vergangenheit viel Aufmerksamkeit. Abhängig von der Art der Beitreibung, ob internes Forderungsmanagement im Unternehmen oder extern beauftragte Inkassounternehmen, sind für die Ermittlung der Rückflussquote sowohl die Festlegung des zugrunde liegenden Betrages als Basis – typischerweise die offene Forderung – als auch die abzuziehenden Kosten als erlösschmälernde Größen zu bestimmen (Höchstötter und Rätscher 2021).

Alternativ dazu, sich ausschließlich auf den Verlust zu fokussieren, ist häufig die Maximierung des Gesamtertrages sinnvoller. Bis zu einem gewissen Grad kann so ein Verlust hingenommen werden, solange das Gesamtergebnis den Zielvorgaben entspricht.

Gewinnmaximierung
Bei der Gewinnmaximierung ermittelt der Bonitätsprüfer auf individueller Basis, die Erträge und Schäden, die in der Breite des Kundenstamms auftreten können. Anhand dieses Ergebnisses kann er einen bestimmten Wert für die Score-Card ermitteln.

Da wir im Vorhinein nicht mit Sicherheit wissen, bei welchem Kunden mit welchem Ertrag bzw. Schaden zu rechnen ist, gilt es, die Eintrittswahrscheinlichkeiten für die unterschiedlichen Szenarien zu berücksichtigen. Das heißt, als Bonitätsprüfer berechne ich für jeden Kunden automatisch – manuell würde das in keinem Verhältnis stehen – den zu erwartenden Ertrag, der sich im Falle eines Ausfalls dann natürlich negativ auswirkt.

Um diese Berechnung so aussagekräftig wie möglich zu halten, berücksichtigen wir dabei keine zeitliche Entwicklung eines Kunden, sondern gehen davon aus, dass er entweder bis zum Ende der Vertragslaufzeit sogenannt „überlebt", also seinen Zahlungsverpflichtungen nachkommt, oder vorher ausfällt. Dabei gehen wir auf den genauen Zeitpunkt des Ausfalls nicht weiter ein. Es ergibt sich für einen bestimmten Kunden somit folgender zu erwartender Ertrag:

$$E(i) = (1 - p(i)) \cdot Ertrag(i) - p(i) \cdot Schaden(i),$$

Die Komponente p(i) beziffert dabei die Ausfallwahrscheinlichkeit des Kunden i. Daraus folgt, dass er mit Wahrscheinlichkeit p(i) seinen Zahlungsverpflichtungen nachkommen wird. Im Falle eines Ausfalls dieses Kunden entsteht für das Unternehmen der Schaden (i). Hingegen liefert der Kunde im positiven Fall den Ertrag (i). Im Einzelfall würde man dem Kunden also nur Produkte anbieten, die vor dem Hintergrund seiner individuellen Ausfallwahrscheinlichkeit einen möglichst hohen erwarteten Ertrag liefern. Da sich aber nicht der Ertrag jedes einzelnen Kunden optimieren lässt, sondern ausschließlich das Gesamtportfolio, bildet man die Zielfunktion für den erwarteten Gesamtertrag des Unternehmens aus dem Kundenportfolio, also

$$\text{maximiere} \sum_i E(i),$$

Hier wird beim Gesamtertrag über alle Kunden summiert. Die Stellschrauben liegen bei den angebotenen Produkten und den Zahlungsmodalitäten, die ihrerseits wieder eine Auswirkung auf die individuellen Ausfallwahrscheinlichkeiten haben (Hochstötter und Rätscher 2021).

> **Expected Loss oder Gewinnmaximierung – wie entscheide ich mich als Unternehmen?**
> Bei der Expected-Loss-Berechnung zeigt dieses Ergebnis, wieviel Verlust ich voraussichtlich mache. Gehe ich nicht ins Risiko und akzeptiere bei meiner Bezahlschranke nur Kunden, die nahezu 100 % solvent sind, bedeutet das, dass ich auch weniger Umsatz generiere und beispielsweise weniger Verträge und/oder Waren verkaufe. Die Frage ist also: Gehe ich ein sehr geringes, kalkuliertes Risiko ein oder will ich bis zu einem vordefinierten Grad Risiko zulassen und die Ertragsmaximierung greifen lassen? Welche Strategie fahre ich als Unternehmen? Dem hinterlegt sind verschiedene Score-Cards. Ich kann auch sagen, dass ich von 10 bis 12 Uhr, stärker ins Risiko gehe und auch Verlust akzeptiere und Ertragsmaximierung mache und nachmittags wieder genauer aussiebe. Ich kann meine Strategie ändern, so wie es mir beliebt. Damit das möglich ist, brauche ich die Grundlage einer Berechnung, sonst ist es ein Blindflug mit Augen zu im Dunkeln.

Wie Sie sehen, schlüsseln manche Unternehmen (potenzielle) Debitoren sehr genau – auch nach Risiken – auf und machen im seltensten Fall lediglich einen Negativ- oder einen Positiveintrag. Noch weniger teilen Unternehmen Debitoren in nur zwei Klassen ein. Was bedeuten würde, der, der kreditwürdig ist, erhält das Produkt, die Dienstleistung, der andere oder die andere nicht beziehungsweise erhält ein Gegenangebot. Etwa den Vorschlag, einer anderen Zahlungsart oder dass das Bestellte gegen Vorkasse geliefert wird bzw. die Aufforderung, eine Sicherheit zu hinterlegen. Stattdessen gewichten sie nach Unternehmensziel selbst. Abhängig davon, ob …

1. … das Unternehmen etwa mit einem Produkt, einer Dienstleistung schnell in den Markt kommen und Reichweite erzielen möchte. Dann

öffnet es sich weiter für potenzielle Kunden und damit auch für Nicht-Zahler (bewusst oder unbewusst) oder
2. … es sein hochpreisiges Sortiment auch wirklich bezahlt wissen will. Dann gibt sich das Unternehmen eher zurückhaltend.

Entsprechend strategisch unternehmen einige Firmen etwa auch ABC-Analysen, anhand derer sie Kunden unterschiedlich behandeln.

> **ABC-Analyse mit unterschiedlicher Gewichtung von Kunden**
> Bei einem A-Kunden würde ein Unternehmen, wenn dieser seine Rechnung von beispielsweise 5000 € nicht bezahlt hat, bei einem Jahresumsatz, von sagen wir, 20 Mio. €, nicht gleich ein Inkassobüro einsetzen, weil es weiteres, sehr gutes Geschäft mit dem A-Kunden erwartet. Es wird in der Praxis meist den Vertriebler einschalten, da dieser in der Regel den besten und direkten Draht zum Kunden hat. Er wird die Sache dann klären und nachhaken, warum die ausstehende Rechnung noch nicht beglichen wurde, ob die Rechnung vielleicht nicht ankam oder im Zahlungslauf übersehen wurde. Einem B-Kunden würde das Unternehmen eine freundliche Erinnerung senden und beim C-Kunden sofort einen Mahnprozess einleiten.

So vorzugehen ist im B2B-Geschäft üblich. Wird im B2C-Geschäft über das Internet bestellt, werden Kunden in ein feingranulares Ratingsystem eingeordnet, an dessen Ende ein Score steht. In Abhängigkeit des Scores können zum Beispiel höhere Zinssätze oder striktere Zahlungsbedingungen so wie eine Teilvorauszahlung oder das Hinterlegen von Sicherheiten vereinbart werden, um die Kreditvergabe bei erhöhtem Ausfallrisiko dennoch zu ermöglichen.

3.1.2 Welche Prozesse laufen bei der Scorecard-Berechnung ab?

Welche Prozesse bei der Scorecard-Berechnung ablaufen, zeigt Schaubild Abb. 3.1 noch einmal. Dort sehen Sie, dass – wie im vorstehenden Beispiel – auf der Grundlage interner wie externer Prüfung Daten verarbeitet werden und darüber ein Score berechnet wird. Daraus können, in diesem Beispiel, drei verschiedene Scorecards entstehen, die zu verschiedenen Prognosen führen.

3 Durchführung einer Bonitätsprüfung

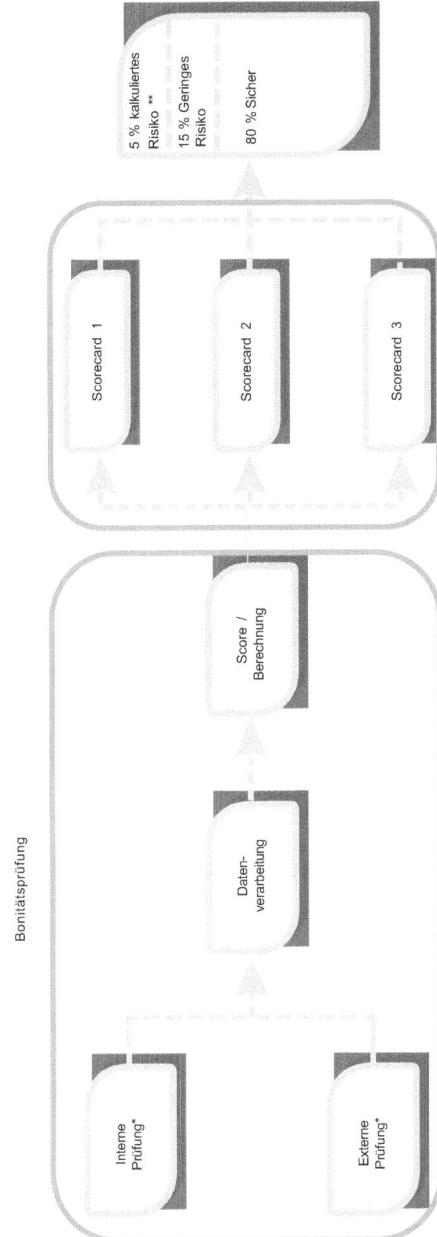

Abb. 3.1 Bonitätsprüfung: Das passiert ab dem Moment der Prüfung interner wie externer Daten. (Eigene Darstellung)

3.1.2.1 Wie lässt sich ein Score-Wert verbessern?

Vielleicht haben Sie sich im Zusammenhang mit der Bonitätsprüfung an der einen oder anderen Stelle bereits gefragt, wie und ob Sie nicht auch Ihren eigenen Score-Wert bestimmen und verbessern können. Die Antwort lautet: Das ist nicht ganz einfach. Doch mit aktiver Vorsorge lässt sich durchaus Sorge dafür tragen, dass die Kreditwürdigkeit gut bleibt oder sich sogar sukzessive verbessert, indem Sie:

- Zahlungsrückstände oder gar Mahnungen vermeiden. Das beginnt schon bei vermeintlichen Kleinigkeiten wie Handyverträgen.
- Ratenzahlungen umgehen. Je nachdem, wie streng das prüfende Institut urteilt, kann auch das schon zu schlechten Bewertungen führen.
- bestehende Schulden verlässlich zurückzahlen.
- Sie Sicherheiten anbieten zum Beispiel in Form einer Hypothek, Lebensversicherung, Erbschaft etc.
- negative Merkmale löschen lassen.
- laufende Konsumkredite und Leasingverträge vorzeitig zurückzahlen.
- Um die Bonität zu verbessern, langfristig planen und
- wiederkehrende Zahlungen wie monatliche Raten laufender Kredite stets pünktlich begleichen. Das ist ein Aufwand, der allerdings dann größere Spielräume bei einem wesentlichen höheren Kreditrahmen ermöglicht (Luckert und Infina 2023).

3.1.2.2 Was wirkt negativ auf einen Score-Wert?

Da jedes Unternehmen, jedes Kreditinstitut, jede Ratingagentur und jede Auskunftei Daten benötigt, um die Bonität zu errechnen, haben vor allem folgende Angaben einen negativen Einfluss auf den zu errechnenden Wert:

- eine fehlende Legitimation (etwa die Live- oder Online-Prüfung durch einen Personalausweis).
- unvollständige Unterlagen.
- negative Bestandskonten/länger anhaltende Zahlungsschwierigkeiten.

- Missbrauch und Kündigung von Konten/Verträgen, titulierte oder uneinbringliche Forderungen.
- eine negative Schufa-Auskunft.

Kostenlose Schufa-Auskunft
Unter diesem Link können Interessierte eine kostenlose Selbstauskunft beantragen: www.wiwo.de/finanzen/steuern-recht/schufa-auskunft-beantragen-so-beantragen-sie-die-schufa-selbstauskunft-online-und-kostenlos/25829842.html. Da Verlinkungen auch widerrufen werden können, suchen Sie über die Suchmaschine Ihrer Wahl und die Eingabe „kostenlose Selbstauskunft Schufa" den aktuellen Link im Netz.

- harte Daten wie Insolvenz, Haftbefehl, Eidesstattliche Versicherung.
- Betrugs-(Fraud-)Verdacht.
- Arbeitszeitverträge – die Scores schätzen eine regelmäßige Anstellung in einem sozialversicherungspflichtigen Beschäftigungsverhältnis.
- Wohnsitz und Kontoverbindungen im Ausland.
- befristete Aufenthaltsgenehmigungen.
- unzureichende Kapitaldienstfähigkeit. Das heißt, das verfügbare Einkommen ist geringer als für den Kapitaldienst notwendig.
- Arbeitslosigkeit oder kein eigenes Einkommen.
- andauernde Überziehung des Girokontos.
- Mahnungen bei Vorkrediten/Kreditkündigungen.
- Zwangsvollstreckung.
- Kreditlaufzeiten länger als die Aufenthaltserlaubnis und
- sonstige negative Schufa- oder Auskunftei-Auskünfte (Korczak 2005).

Zu berücksichtigen ist auch, dass diese Kriterien zwar bei der Bonitätsentscheidung leitend sind, aber letztlich je nach Kriterium durch Kompetenzträger „manuell" entschieden wird. Das heißt, dass besondere Gegebenheiten berücksichtigt werden können und auf dieser Basis dann persönlich eine Entscheidung gefällt wird und nicht automatisch (Unabhängiges Landeszentrum für Datenschutz Schleswig-Holstein 2014).

Die oben genannten Punkte sind vereinzelt und auch in Summe je nach Gewichtung für den berechneten Score-Wert ausschlaggebend.

3.2 Berechnungsmethoden der Bonitätsprüfung

Nachdem Sie nun Wissenswertes zum Score-Wert (siehe Abschn. 3.1) erfahren haben, geht es nun um die verschiedenen Methoden, die Bonität eines Unternehmens zu errechnen. Ich möchte Ihnen hier die gängigsten vorstellen, die bereits in meinen vorhergehenden Ausführungen angeklungen sind.

3.2.1 Die Diskriminanzmethode

Die Diskriminanzmethode ist eine in der Bonitätsprüfung bevorzugt eingesetzte Berechnungsmethode: Sie wird unter anderem verwendet, um Insolvenzen zu prognostizieren. Dazu werden Kennzahlen der Jahresabschlussanalyse von Unternehmen, die in einem bestimmten Zeitraum insolvent wurden, mit denen von Unternehmen verglichen, die im gleichen Zeitraum solvent geblieben sind. Die Unternehmen sollten hinsichtlich spezifischer Merkmale wie Branche, Betriebsgröße und anderes vergleichbar sein. Das ist bei Unternehmen möglich, bei Menschen liegen uns keine Bilanzen vor, die wir gegeneinander entsprechend ihrer Variablen vergleichen könnten. Selbst wenn zwei Personen den gleichen Job haben, lässt sich das nicht vergleichen. Und auch wenn die Diskriminanzmethode nicht im B2C-Geschäft eingesetzt wird, möchte ich sie dennoch kurz ausführen, weil sie ein sehr zentrales Tool bei der Berechnung von Bonität ist. Auf ihrer Grundlage fußt auch das Kreditscoring (siehe Abschn. 3.2), das im B2C tatsächlich Einsatz findet.

Und so geht's: Auf Merkmale, die für eine Prognose zur Insolvenzgefährdung angesehen werden können, beispielsweise auf Rentabilität, Liquidität oder Verschuldungsgrad werden Kennzahlen vergeben. Aus diesen spezifischen Kennzahlen bildet der Prüfer eine Trennfunktion, auch Diskriminanzfunktion genannt.

> **Trennfunktion und Grenzwert**
> Mit der Trennfunktion lässt sich für jedes Unternehmen ein Diskriminanzwert errechnen, der auch als Bonitätsindikator bezeichnet wird. Außerdem wird ein sogenannter Grenzwert, auch Cut-off-Punkt genannt, ermittelt. Er trennt als kritischer Grenzwert insolvenzgefährdete Unternehmen von bonitätsmäßig besser gestellten Unternehmen. Liegt der Diskriminanzwert des jeweiligen Unternehmens über dem Cut-off-Punkt, wird das Kreditengagement als bonitätsmäßig gut eingestuft, im umgekehrten Fall als bonitätsnegativ.

Die Diskriminanzanalyse basiert auf der Überlegung, dass Merkmale, die in der Vergangenheit bei insolvent gewordenen Unternehmen beobachtet wurden, zukünftig ebenfalls Gültigkeit besitzen, das heißt, dass sie eine hohe Prognosekraft gegenüber einer möglichen Insolvenz signalisieren. Deshalb wird ein schlechter Diskriminanzwert als Frühwarnsignal für zukünftige Unternehmensrisiken angesehen.

3.2.2 Kreditscoring-Systeme

Eine weitere Berechnungsmethode sind Kreditscoring-Systeme. Sie werden im Online-Handel gerne im Mengengeschäft eingesetzt, weil sie eine schnelle und kostengünstige Beurteilung von Vertragspartnern ermöglichen. Im Mittelpunkt – und genau darin liegt ihr Vorzug – stehen automatisierte Punktbewertungsverfahren. Mit ihnen lassen sich Kreditentscheidungen standardisieren.

Ähnlich wie bei der Diskriminanzanalyse werden dafür zunächst Kundenmerkmale problemloser Kredite und die mit Zahlungsausfällen verbundenen Kredite untersucht. Die Zuordnung wird dann auf einer so genannten Score-Card aufgelistet und mit Punkten entsprechend des eingeschätzten Risikos bewertet. Bei jeder Kreditentscheidung kann dann ein Score-Wert (siehe Abschn. 3.1) ermittelt werden, der die Kreditausfallwahrscheinlichkeit widerspiegelt. Für die Entscheidung selbst wird der errechnete Wert mit dem Grenzscore verglichen und dementsprechend wird das Geschäft getätigt oder abgelehnt. Interessieren Sie an der Stelle genauere Rechenbeispiele, siehe Abschn. 3.3.

> **Trotz kleinerer Abstriche bessere Entscheidungen**
> Natürlich besitzt Standardisierung eigene Probleme wie Fehlzuordnungen, keine optimale Merkmalsauswahl. Dennoch hat sich gezeigt, dass mit diesem Verfahren in Hinblick auf die Anzahl der Kreditausfälle qualitativ bessere Entscheidungen getroffen werden können als ohne.

Da sich die Gegebenheiten ändern können, weil das Leben Veränderung bedeutet und wir uns außerdem in dem wohl umwälzendsten Wandel aller Zeiten befinden, ist es wichtig, auf die Weiterentwicklung Ihrer mathematisch-statistischen Analyseverfahren zu achten. So lassen sich die Beziehungen zwischen der Bonität Ihrer Kunden und der Prognose des Kreditverlaufs noch genauer und umfassender abbilden, zum Beispiel durch den Einsatz von Expertensystemen. Damit meine ich ein System, das wie bei einem Kassensystem mit vorgefertigten Modellen arbeitet. Es schreibt bestimmte Parameter vor und macht das „Am-Ball-Bleiben" einfacher.

Bei der Analyse und Bewertung stehen auch hier wieder numerische Informationen im Mittelpunkt. Qualitative Faktoren, die als Daten nicht vollständig sind, werden dabei vernachlässigt. Der Grund: Sie liegen nicht vor, deswegen lassen sie sich nicht zu 100 % bepunkten.

3.2.2.1 Wissenschaftlich anerkanntes mathematisch-statistisches Verfahren

In § 28b BDSG werden die Bedingungen genannt, unter denen Daten zur Errechnung eines Wahrscheinlichkeitswerts verarbeitet werden dürfen. Die Berechnung darf gemäß § 28b Nr. 1 BDSG nur nach einem „wissenschaftlich anerkannten mathematisch-statistischen Verfahren" erfolgen. Zum Teil in der Literatur zu lesen, dass zur Berechnung des Wahrscheinlichkeitswerts jedes beliebige wissenschaftlich anerkannte mathematisch-statistische Verfahren eingesetzt werden kann (Simitis 2011). Eine Legaldefinition für wissenschaftlich anerkannte mathematisch-statistische Verfahren fehlt, was sich in der praktischen Anwendung der

Vorschrift als relevanter Mangel erweist. So stellt sich schon die Frage, unter welchen Voraussetzungen ein Verfahren als „anerkannt" zu betrachten ist, worauf sich die Anerkennung beziehen muss und wer bzw. welche Stelle die Anerkennung vornehmen soll.

3.2.2.2 Mathematisch-statistisches Verfahren

Die Berechnung des Wahrscheinlichkeitswerts muss zum einen auf einem mathematisch-statistischen Verfahren beruhen, zum anderen muss das mathematisch-statistische Verfahren gerade auch der Berechnung des Wahrscheinlichkeitswertes dienen. Diese Erfordernis findet sich ebenfalls in § 10 Abs. 2 S. 1 Nr. 1 KWG. Dort ist wegen des abschließenden Katalogs der in Frage kommenden Methoden die Kontur des Begriffs unumstritten. Als mathematisch-statistisch werden statistische Verfahren bezeichnet, die mit mathematischen Mitteln analysiert werden. Das meint vereinfacht ausgedrückt, in der Statistik werden Aussagen darüber gesucht, wie häufig ein Merkmal innerhalb einer bestimmten Gruppe (Grundgesamtheit) vorkommt. Dabei werden beispielsweise Aussagen über die Durchschnittshäufigkeit des Merkmals, die die Mitglieder der Gruppe besitzen, gemacht.

Die Hauptaufgabe der mathematischen Statistik ist es, anhand der Eigenschaften eines Teils einer Menge von Merkmalen auf die Eigenschaften aller Daten in dieser Menge zu schließen. Diese Merkmale können zum Beispiel Kunden (Debitoren) sein, deren Zahlverhalten Sie mit einer Ausfallwahrscheinlichkeit betrachten. Jedes Unternehmen möchte natürlich wissen, wie schnell und wie lang seine Kunden die ausstehenden Forderungen bezahlen. Um dies so exakt wie möglich herauszufinden, müsste man die gewünschten Zahlungseingänge jeder offenen Forderung bestimmen. Auf Grund der hohen Anzahl der Bestellungen, aber auch an Stornierungen ist dies nicht exakt möglich. Stattdessen wählt der Bonitätsprüfer zufällig einige Kunden aus und schließt aus deren Bestellungen inklusive deren Zahlverhalten mit Hilfe der Methoden der mathematischen Statistik auf das durchschnittliche Zahlverhalten.

Grundbegriffe

Grundgesamtheit:
Eine Menge gleichartiger Daten, die hinsichtlich einer bestimmten Eigenschaft untersucht werden sollen, nennt sich Grundgesamtheit. Diese Eigenschaft wird durch die Zufallsgröße X beschrieben. Die Verteilungsfunktion von X bezeichnen Statistiker mit $F\vartheta$, d. h. $F\vartheta(x) = P(X < x)$, wobei ϑ für einen oder mehrere noch zu bestimmende Parameter der Verteilung steht.

Stichprobe:
Sind $X1, \ldots, Xn$ n Realisierungen der Zufallsgröße X, das heißt, $X1, \ldots, Xn$ und X sind unabhängig und weisen identische Verteilungen auf, kurz: sie sind vom Typ i. i. d[2]. Dann bezeichnen wir den zufälligen Vektor $(X1, \ldots, Xn)$ als Stichprobe vom Umfang n. Auch ein konkreter Wert $(x1, \ldots, xn) \in Rn$ dieses Vektors wird als (konkrete) Stichprobe bezeichnet.

Stichprobenraum:
Ist $(X1, \ldots, Xn)$ eine Stichprobe vom Umfang n. Dann bezeichnen wir mit Xn die Menge aller möglichen Werte dieses zufälligen Vektors. Diese Menge heißt Stichprobenraum und es gilt $Xn \subset Rn$.

Parameterraum:
Die Menge aller möglichen Parameterwerte ϑ der Verteilungsfunktion $F\vartheta$ der Zufallsgröße X heißt Parameterraum und wird mit Θ bezeichnet.

Stichprobenfunktion:
Eine Funktion $Tn : Xn \to R$ heißt Stichprobenfunktion. Es handelt sich also um eine Funktion, die einer konkreten Stichprobe eine reelle Zahl $Tn(x1, \ldots, xn)$ zuordnet.

Beispiel

Nachdem Sie nun die grundlegenden Begriffe der mathematischen Statistik kennen, möchte ich nochmals auf das obige Beispiel des Zahlverhalten der Kunden eingehen. Als Grundgesamtheit betrachten wir die an einem festen Tag eingehende Bestellungen. Deren voraussichtliches Zahlverhalten bezeichnen wir mit X. Uns interessiert nun, wie die Zahlungsmöglichkeiten verteilt sind, das heißt wir suchen die Verteilungsfunktion $F\vartheta$ von X. Dazu wählen wir zufällig n Kunden aus und bestimmen deren Zahlverhalten, wir entnehmen also eine Stichprobe $(X1, \ldots, Xn)$ vom Umfang n. Der Stichprobenraum Xn umfasst somit alle n-dimensionalen Vektoren mit nichtnegativen Komponenten. Ist die Art der Verteilung bekannt (zum Beispiel $X \sim N(\mu, \sigma2)$ und somit $\vartheta = (\mu, \sigma2) \in \Theta = R \times R$), können wir den Parameter mit Hilfe einer konkreten Stichprobe $(x1, \ldots, xn)$ schätzen.

---

[2] i. i. d kommt aus dem Englischen und bedeutet independent and identically distributed.

3.2.2.3 Wissenschaftlich anerkannt

§ 28a Nr. 1 BDSG verpflichtet die verantwortliche Stelle, dem Scoring ein wissenschaftlich anerkanntes Verfahren zugrunde zu legen. Nach dem Wortlaut ist also Voraussetzung des Scorings und gegebenenfalls aufsichtsbehördlicher Prüfgegenstand nicht nur das Vorhandensein einer Theorie und Methode des Verfahrens (zum Beispiel für den statistischen Modellansatz), sondern auch die Anerkennung und Diskussion desselben im wissenschaftlichen Diskurs und als Gegenstand der Lehre (Kuhn 1988). Durch die Hervorhebung der wissenschaftlichen Anerkennung scheint die Vorschrift zunächst rechtlich fassbarer. Warum? Weil sich vertreten lässt, dass die Aufsichtsbehörde nur vom Meinungsstand in der Fachwelt im Hinblick auf das gewählte Verfahren überzeugt werden muss, nicht aber die Berechnungsmethoden selbst zu beurteilen hat. Zu der Frage, wie die Anerkanntheit eines Verfahrens festgestellt werden kann, verhalten sich indes weder das Gesetz noch die Gesetzesbegründung noch besteht darüber wissenschaftstheoretische Einigkeit (Heenemann GmbH & Co., 2008, S. BT-Drs. 16/10529). Zentral festgelegte Standards der fachlichen Praxis, etwa im Rahmen einer Verordnung oder Industrieempfehlungen mit Wirkung vorweggenommener Gutachten im Sinne der technischen Anleitungen existieren in diesem Bereich nicht. Rechtswissenschaftliche Schriften beachten diesen Tatbestand wenig, wohl, weil er als weitgehend fachfremd gilt und rechtlich nicht durchdrungen wird.

Der Tatbestand entspricht dem Wortlaut nach dem bereits vorgestellten § 10 Abs. 2 S. 1 Nr. 1 KWG. Der entscheidende Unterschied liegt darin, dass die Einrichtung eines Ratings nach § 10 Abs. 2 KWG ein aufsichtsrechtliches Zulassungsverfahren erfordert, in dessen Rahmen die Bundesanstalt für Finanzdienstleistungsaufsicht die wissenschaftliche Anerkennung gemäß vorhandener, eingehender Regelungen in der EU-Verordnung 575/2013, der Solvabilitätsverordnung und anhand interner Richtlinien prüft. In Frage kommen danach überhaupt

---

[3] Internal Rating Based Approach sind Berechnungsparameter, die sich an Basel-II-Richtlinien orientieren.

nur zwei grundlegende Ansätze, der Kreditrisiko-Standardansatz (KSA) und der Internal Ratings-Based Approach (IRBA)[3]. Zwar benutzen die Kreditinstitute in Einzelheiten voneinander abweichende Scoring-Methoden, aber durch die Orientierung an den Standardmethoden wird eine Einschätzung der wissenschaftlichen Anerkennung erheblich erleichtert.

Eine entsprechende Einheitlichkeit fehlt für § 28b BDSG (siehe Abschn. 2.3.1.2). Sie wird durch den Umstand, dass Scoring in einer Vielzahl von Feldern zur Voraussage einer Vielzahl von Verhaltensweisen eingesetzt wird, zusätzlich erschwert. Eine gewisse Präzisierung der inhaltlichen Anforderungen an das Verfahren ist jedoch auch aus dem Gesetz heraus möglich. Sie ergibt sich aus der Tatsache, dass das Tatbestandsmerkmal des wissenschaftlich anerkannten Verfahrens unmittelbar sowohl der Generierung einer möglichst hohen Prognosegüte unter Beschränkung der genutzten Daten auf das jeweils Zu-Erhebende dienen soll. Daraus folgen neben der wissenschaftlichen Akzeptanz auch inhaltliche Anforderungen an das Verfahren, denn seine wissenschaftliche Anerkennung darf sich danach nicht auf die Feststellung einer weiten Verbreitung beschränken; vielmehr müssen Verfahren und Katalog der verwendeten Daten aus ex-ante-Sicht anerkanntermaßen signifikant vorhersagekräftig in Bezug auf das in Rede stehende Verhalten (Prognosegüte) sein (Korczak, Wilken 2008). Unter dem Gesichtspunkt der Prognosefähigkeit sind die gängigen Verfahren der Bonitätsbewertung, insbesondere die Berechnung des Zahlungsausfallrisikos durch Auswertung von Daten einer Vergleichsgruppe, von Experten vielfach kritisiert worden. Welche Treffgenauigkeit und Fehlerspanne ein solches Verfahren aufweisen muss, ist bislang in diesem Zusammenhang nicht untersucht worden. Mit Blick auf die Relevanz der Schätzdaten ist von einem wissenschaftlich anerkannten Verfahren aber in jedem Fall eine Beurteilung der Prognosegüte zu erwarten.

Wie hier in diesem § 28b BDSG angemerkt, sind die geforderten wissenschaftlichen Grundsätze nicht nur in der Auswahl eines geeigneten Verfahrens, sondern insbesondere auch während seiner Durchführung zu beachten. Das bedeutet für die verantwortliche Stelle bzw. den Bonitätsprüfer, dass er gegebenenfalls unter Einbindung des Datenschutzbeauftragten Geschäftsprozesse entwickeln muss, die jederzeit die Integrität und die inhaltliche Korrektheit sicherstellen.

Die zur Berechnung des Wahrscheinlichkeitswerts genutzten Daten dürfen nur dann verarbeitet werden, wenn sie nachweisbar für die Berechnung der Wahrscheinlichkeit eines bestimmten zukünftigen Verhaltens erheblich sind.

3.3 Ermitteln von Score-Werten im Unternehmen

Will ein Unternehmen einen Score-Wert nutzen, gilt es zunächst, diesen Wert zu ermitteln. Theoretisch könnte jedes Unternehmen die dafür notwendige Berechnung intern durchführen, indem es Daten sammelt und anschließend auswertet („internes Scoring"). Aufgrund des Zeit- und Kostenaufwands dieses Prozesses sowie des häufig fehlenden IT-technischen Fachwissens zur Entwicklung komplexer Algorithmen wird dabei in der Regel auf externe Dienstleister wie Auskunfteien zurückgegriffen. Diese Anbieter sammeln die Daten selbst oder beziehen sie von anderen Unternehmen, die allgemein zugängliche Daten für Dritte aggregieren und zur Auswertung bereitstellen (siehe Abschn. 2.1.2).

Mittels eines eigens entwickelten Algorithmus wird dann aus diesen Daten ein Score-Wert generiert und dem anfragenden Kunden übermittelt („externes Scoring"). Die Inanspruchnahme dieser Dienstleistung ist jedoch nur möglich, wenn der Kunde dem Dienstleister mindestens ein personenbezogenes Datum[4] übermittelt. Schließlich muss der Dienstleister wissen, für welche Bezugsperson oder -gruppe er einen Wert berechnen soll. Gleichzeitig wird davon ausgegangen, dass der Score-Wert selbst ebenfalls als personenbezogenes Datum betrachtet wird, da er sich spezifisch einer bestimmten Person oder Personengruppe zuordnen lässt.

Im Kontext der Sammlung, Übermittlung, Erstellung oder Verarbeitung personenbezogener Daten stellt sich stets die Frage, ob dies aus datenschutzrechtlicher Perspektive überhaupt zulässig ist. Das Bundesdatenschutzgesetz (BDSG) orientiert sich nach wie vor am Grundsatz des „Verbotes mit Erlaubnisvorbehalt". Das bedeutet, dass das Erheben, Ver-

---

[4] Datum ist die Singular-Form von Daten.

arbeiten und Nutzen personenbezogener Daten durch eine verantwortliche Stelle grundsätzlich untersagt ist, es sei denn …:

- … eine Rechtsvorschrift erlaubt dies ausdrücklich oder
- … ordnet es an oder
- … der Betroffene hat seine konkrete und freiwillige Einwilligung gemäß § 4a BDSG erteilt.

Als Erstes könnte man in Betracht ziehen, dass externe Scoringdienste sprich Auskunfteien nicht unbedingt verantwortlich sind, wenn sie im Auftrag des Kunden Daten sammeln und verarbeiten (Auftragsdatenverarbeitung). Gemäß § 11 des Bundesdatenschutzgesetzes (BDSG) wäre der Kunde allein verantwortlich für die Einhaltung der entsprechenden Vorschriften. Allerdings könnte auch der externe Scoringdienst Verantwortung tragen, wenn er zwar im Auftrag des Kunden handelt, jedoch in eigenem Namen sämtliche notwendigen Entscheidungen eigenständig trifft (Funktionsübertragung).

> **Wer trägt die Verantwortung?**
> Die Zuordnung der Verantwortlichkeit hängt somit davon ab, ob der externe Dienstleister im Rahmen einer Auftragsdatenverarbeitung oder einer Funktionsübertragung agiert. Obwohl dies im Kontext des Scorings umstritten ist, sprechen überzeugendere Gründe dafür, eine Verantwortlichkeit anzunehmen. Schließlich trifft allein der Scoringdienst die Entscheidungen darüber, welche Daten nach welchem Algorithmus verarbeitet werden, und wie der Wert ermittelt wird. Nach der hier vertretenen Ansicht gilt er daher auch als Verantwortlicher im Sinne des BDSG.

Wie in Abschn. 2.3.2 zum § 28b des Bundesdatenschutzgesetzes (BDSG) bereits erwähnt, regelt dieser Paragraf das allgemeine Scoring. Diese Erkenntnis allein genügt jedoch nicht, da § 28b BDSG selbst keine Auskunft darüber gibt, wann die Speicherung und Nutzung der für die Wertermittlung genutzten Daten erlaubt ist. Es wird lediglich geregelt, ob und unter welchen Umständen bereits erhobene Daten für das Scoring verwendet werden dürfen. Der Gesetzgeber setzt also voraus, dass die Daten, die für das Scoring verwendet werden, bereits rechtmäßig erhoben wurden. Wann Daten jedoch als rechtmäßig erhoben gelten, wird erst durch die §§ 28 und 29 des BDSG mitgeteilt. Dies macht der von § 28b Nr. 2 auf §§ 28, 29 BDSG deutlich. Insbesondere ist im Fall des externen Scorings der § 29 BDSG von Bedeutung, der das geschäftsmäßige Erheben, Speichern, Verändern oder Nutzen personenbezogener Daten zum Zweck der Übermittlung durch Auskunfteien regelt. Was rechtlich grundsätzlich beim Umgang mit Daten zu beachten ist, Stichwort DSGVO, erfahren Sie in Kap. 5. Doch jetzt erst einmal drei Beispiele aus der Praxis, damit Sie sehen, wie Score-Werte errechnet werden. Ich habe die Beispiele sehr vereinfacht gehalten, damit sie leicht verständlich sind. In meinem Alltag als Bonitätsprüfer stecken dahinter natürlich eine weit komplexere Berechnungsgrundlage und ein weit komplexerer Berechnungsablauf.

> **Beispiel 1: Berechnung des Credit Scores[5] beim Kauf eines Handys**
> Die Berechnung des Credit Scores ist im Onlinehandel von entscheidender Bedeutung, insbesondere, wenn es um größere finanzielle Transaktionen wie den Kauf eines Smartphones geht. Die nun folgende Analyse der Credit-Score-Berechnung nehmen wir für einen Kunden namens Max Müller, der online ein Handy erwerben will. Die dafür verwendeten Werte sind alle fiktiv. Das trifft auch auf die nachfolgenden beiden Beispiele zu.
>
> 1. **Basisinformationen des Kunden:**
>   Max Müller plant den Kauf eines Smartphones im Wert von 800 €.
> 2. **Interne Daten für die Credit-Score-Berechnung:**
>   Max hat in der Vergangenheit regelmäßig bei diesem Unternehmen eingekauft und seine Rechnungen stets pünktlich beglichen. Das Unternehmen gewichtet seine Zahlungshistorie mit 40 %.
>   Sein monatliches Einkommen beträgt 3000 €. Es wird als stabil und ausreichend für den geplanten Kauf eingestuft, somit erzielen seine Einkommensverhältnisse einen Wert von 25 % in der Gewichtung.

---

[5] Ein Credit Score hängt von der Bonität eines Kunden ab und legt fest, welche Bezahlmodalitäten ihm oder ihr vorgeschlagen werden.

Bereits in der Vergangenheit hat Max online Elektronikprodukte erworben und eine gute Einkaufshistorie aufgebaut. Das wirkt sich positiv auf den Credit Score aus und führt bei seiner Einkaufshistorie zu einem Wert von 20 %, den das Unternehmen dafür annimmt.

Max hat weder offene Kredite noch eine hohe Verschuldung. Dieser niedrige Schuldenstand fließt positiv in die Bewertung mit einem Wert von 15 % ein.

3. **Externe Daten von der Auskunftei:**
Das Unternehmen bezieht außerdem externe Daten von einer Auskunftei, um eine umfassendere Sicht auf die finanzielle Situation von Max zu erhalten.

Die Auskunftei bewertet Max mit einem Score von 750 auf einer Skala von 300 bis 850, was als sehr gut eingestuft wird. Also: Auskunftei-Bewertung: 30 %.

Max hat in der Vergangenheit keinerlei negative Einträge in Bezug auf Zahlungsverzug bei anderen Gläubigern, was sich positiv auf den Credit Score auswirkt. Also: Zahlungsverhalten bei anderen Gläubigern: 20 %.

In den letzten sechs Monaten hat Max keine neuen Kredite beantragt, was als geringes Risiko für finanzielle Instabilität gilt, die Anzahl der Kreditanfragen wird daher mit 10 % eingestuft.

4. **Berechnung des Credit Scores:**
Credit Score = $(0,4 \times \text{Zahlungshistorie}) + (0,25 \times \text{Einkommensverhältnisse}) + (0,2 \times \text{Einkaufshistorie}) + (0,15 \times \text{Schuldenstand}) + (0,3 \times \text{Auskunftei-Bewertung}) + (0,2 \times \text{Zahlungsverhalten bei anderen Gläubigern}) + (0,1 \times \text{Anzahl der Kreditanfragen})$

Credit Score = $(0,4 \times 90) + (0,25 \times 100) + (0,2 \times 80) + (0,15 \times 95) + (0,3 \times 750) + (0,2 \times 90) + (0,1 \times 95)$

Credit Score = $36 + 25 + 16 + 14,25 + 225 + 18 + 9,5 = 343,75$

5. **Interpretation des Credit Scores:**
Ein Credit Score von 343,75 auf einer Skala von 0 bis 500 – als hypothetischer Bereich für diesen Score – deutet auf eine sehr gute Bonität hin. Das Unternehmen könnte daher zuversichtlich sein, Max das gewünschte Smartphone auf Rechnung anzubieten oder ihn für spezielle Finanzierungsoptionen in Betracht zu ziehen.

Die detaillierte Berechnung des Credit Scores ermöglicht dem Unternehmen eine präzise Beurteilung der finanziellen Situation des Kunden und hilft dabei, sowohl das Risiko von Zahlungsausfällen als auch potenzielle Möglichkeiten für personalisierte Angebote zu identifizieren.

Beispiel 2: Personalisierte Angebote bei positivem Bonitätsscore

Angenommen, ein renommierter Elektronikhändler verwendet einen personalisierten Bonitätsscore, der auf einer Skala von 1 bis 100 rankt, wobei 1 das höchste Risiko und 100 das niedrigste Risiko darstellt. Die Berechnung dieses Scores erfolgt durch komplexe Algorithmen, die verschiedene Faktoren berücksichtigen. Im Fall eines Kunden mit einem Bonitätsscore von 80:

Zahlungshistorie (40 %): Der Kunde hat in den letzten zwei Jahren stets pünktlich gezahlt, was zu einem hohen Wert in dieser Kategorie führt.
Kreditwürdigkeit (30 %): Der Kunde hat eine niedrige Verschuldung und eine exzellente Bonitätsbewertung von Auskunfteien, was zu einem weiteren positiven Wert führt.
Einkaufsverhalten (20 %): Der Kunde tätigt regelmäßig Einkäufe und zeigt ein konsistent positives Einkaufsverhalten, was ebenfalls zu einem guten Ergebnis in dieser Kategorie führt.
Sonstige Faktoren (10 %): Möglicherweise werden hier soziodemografische Daten berücksichtigt wie die Dauer der Kundenbeziehung oder die Anzahl der Retouren, die jedoch nicht negativ ins Gewicht fallen.

Die Berechnung könnte wie folgt aussehen:
Bonitätsscore = $(0,4 \times 80) + (0,3 \times 20) + (0,2 \times 70) + (0,1 \times 90) = 32 + 6 + 14 + 9 = 61$

Ein Bonitätsscore von 61 auf einer Skala von 1 bis 100 deutet auf einen Kunden mit einer überdurchschnittlichen Bonität hin. Als Belohnung erhält dieser Kunde personalisierte Angebote, beispielsweise einen zusätzlichen Rabatt von 10 % auf seinen nächsten Einkauf oder eine zinslose Finanzierung bei größeren Elektronikanschaffungen. Diese personalisierten Angebote sollen nicht nur die Kundenzufriedenheit steigern, sondern auch Anreize für weitere Einkäufe schaffen und langfristig die Kundenbindung fördern.

Beispiel 3: Risikominimierung durch gezielte Überwachung

Angenommen, ein Modeunternehmen setzt auf proaktives Monitoring seiner Kunden, um potenzielle Zahlungsausfälle frühzeitig zu erkennen. Der Bonitätsscore dieses Unternehmens wird ebenfalls auf einer Skala von 1 bis 100 bewertet, wobei niedrige Werte für eine gute Bonität stehen.

Ein Kunde mit einem anfänglichen Bonitätsscore von 75 zeigt plötzlich ein ungewöhnliches Zahlungsverhalten. Die Bonität fällt auf 81,2, was auf

mögliche finanzielle Schwierigkeiten hinweisen könnte. Das Unternehmen verwendet eine spezifische Formel, um das Risiko zu quantifizieren:
Risikobewertung = (Anzahl der verspäteten Zahlungen × 0,6) + (Höhe der verspäteten Zahlungen × 0,4)
In diesem Fall hat der Kunde in den letzten drei Monaten zwei Ratenzahlungen verspätet beglichen, wobei die Höhe dieser verspäteten Zahlungen insgesamt 200 € beträgt.
Risikobewertung = (2 × 0,6) + (200 × 0,4) = 1,2 + 80 = 81,2
Die Risikobewertung von 81,2 deutet auf ein erhöhtes Risiko hin, dass der Kunde seine finanziellen Verpflichtungen möglicherweise nicht erfüllen kann.
Als Reaktion darauf könnte das Unternehmen verschiedene Maßnahmen ergreifen:

- **Anpassung der Zahlungskonditionen:** Der Kunde könnte gebeten werden, auf eine andere Zahlungsmethode umzusteigen, die weniger Risiko birgt.
- **Kontakt mit dem Kunden:** Ein Kundenservice-Vertreter könnte den Kunden kontaktieren, um die Situation zu klären und mögliche Lösungen zu besprechen.
- **Temporäre Sperrung auf Rechnungszahlungen:** Um das Risiko weiter zu minimieren, könnte das Unternehmen vorübergehend die Option für Rechnungszahlungen sperren und auf sicherere Zahlungsmethoden umleiten.

Die gezielte Überwachung und schnelle Reaktion ermöglichen es dem Unternehmen, potenzielle Risiken frühzeitig zu identifizieren und proaktiv Maßnahmen zu ergreifen, um das Risiko eines Zahlungsausfalls zu minimieren.

Die hier ausgewählten Beispiele und Zahlen sind – wie gesagt – fiktiv und sollen Ihnen die Möglichkeiten der Bonitätsprüfung zeigen und Abb. 3.2 fasst noch einmal grafisch zusammen, was durch eine Bonitätsprüfung alles möglich ist.

3 Durchführung einer Bonitätsprüfung

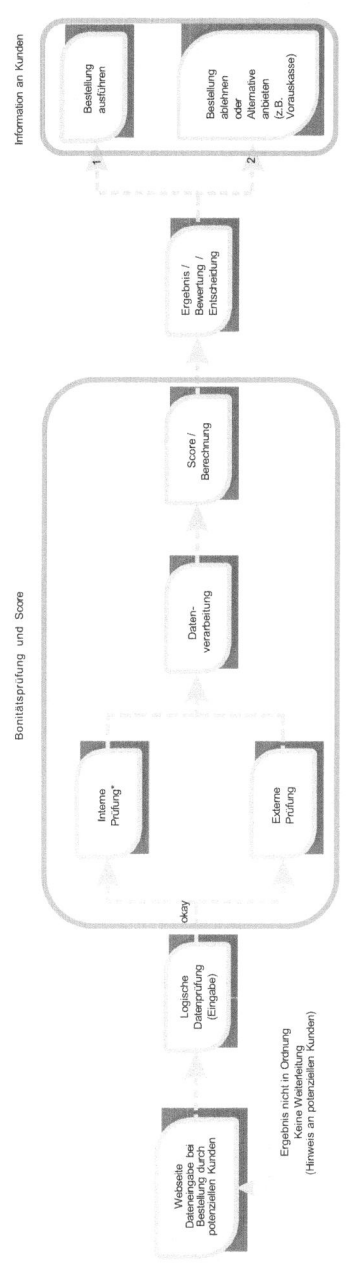

Abb. 3.2 Prozess: So könnte ein kompletter Ablauf einer Bonitätsprüfung aussehen. (Eigene Darstellung)

Zusammenfassung: Durchführung einer Bonitätsprüfung

- Mit Hilfe verschiedener Statistik-Tools und mathematischen Verfahren lassen sich unterschiedliche Daten nutzen und miteinander vergleichen.
- An der Stelle ist zum Beispiel die Regressionsanalyse zu nennen. Mit diesem statistischen Werkzeug lassen sich Daten, die exakt vorliegen, mit denen in Beziehung setzen, die nur in einer gewissen Bandbreite vorhanden sind,
- Mit der Diskriminanzmethode können unterschiedliche Daten miteinander verglichen werden. Das ist wichtig, sonst gäbe es keine Grundlage eine Bonitätsprüfung durchführen zu können.
- Wie ein Unternehmen mit den errechneten Score-Werten umgeht, hängt unter anderem von seinen strategischen Zielen ab und welches Risiko es eingehen möchte. Will es beispielsweise starken Umsatz generieren und schnell Reichweite erzielen, wird es eine softere Bonitätsprüfung nutzen, als wenn eine Firma Wert auf sichere Geschäfte legt. Das heißt, Personen bevorzugt, deren Bonität überdurchschnittlich hoch eingeschätzt wird.
- Wer seinen eigenen Bonitätswert verbessern möchte, sollte bei Bezahlvorgängen auf bestimmte Punkte Wert legen. Etwa, dass er immer sofort innerhalb des angegebenen Rahmens bezahlt, seine Daten genau angibt und, wenn eine Legitimierung gefordert wird, diesem Wunsch nachkommt. Mit solchen Feinheiten lässt sich auch im Nachhinein ein weniger guter Score-Wert verbessern und damit eine bessere Bonität erzielen.

Literatur

Graf-Schlicker, Marie Luise (Hrsg), 2022 (6. Auflage), *Kommentar zur Insolvenzordnung*, RWS Verlag, Köln.
Heinemann, H. GmbH & Co., 2008. *Entwurf eines Gesetzes zur Änderung des Bundesdatenschutzgesetzes.* Deutscher Bundestag, 16. Wahlperiode, Gesetzes-

entwurf der Bundesregierung, Drucksache 16/10529, Buch- und Offsetdruckerei, https://dserver.bundestag.de/btd/16/105/1610529.pdf (abgerufen November 2023).

Höchstötter, Markus, Thomas Rätscher 2021. *OTC – "Order to Cash"-Whitepaper, Teil 1* (abgerufen Februar 2024).

Kuhn, T., 1988. *Die Struktur wissenschaftlicher Revolutionen.* [Übers. von Hermann Vetter] 9. Aufl. Frankfurt am Main: Suhrkamp 1988 [1. Aufl. 1962].

Korczak, Dieter, 2005. *Projekt: Verantwortungsvolle Kreditvergabe.* GP Forschungsgruppe, Berlin.

Korczak, Dieter, Wilken, Michael, 2008. *Scoring im Praxistest: Aussagekraft und Anwendung von Scoringverfahren in der Kreditvergabe und Schlussfolgerungen.* https://mp-befragung-evaluation.de/images/downloads/Bericht%20Scoring%20im%20Praxistest.pdf (abgerufen April 2024).

Luckert, Hagen, 27.07.2023, Invina AT. *Bonität und Bonitätsprüfung,* www.infina.at/ratgeber/finanzierung/bonitaet/ (abgerufen Juli 2023).

Simitis, S, 2011 (7. Auflage) BDSG §28 Rn 151.

Unabhängiges Landeszentrum für Datenschutz Schleswig-Holstein, 2014. *Scoring nach der Datenschutz-Novelle 2009 und neue Entwicklungen, Abschlussbericht* 314-06.01-2812HS021, Förderkennzeichen 2812HS021.

4

In der Praxis – so geht ein Bonitätsprüfer vor

Kommen wir nun dazu, was Bonitätsprüfer konkret tun, wenn ein Unternehmen sie beauftragt, Online-Bestellungen zu begutachten bzw. diese zu optimieren. Die Bonitätsprüfungen laufen meist automatisch im Hintergrund ab.

> **In diesem Kapitel erfahren Sie:**
> - Wie ein Bonitätsprüfer vorgeht.
> - Warum das Ermitteln des Status Quos eines Unternehmens so wichtig ist.
> - Was genau ein Bonitätsprüfer wissen will.
> - Wieso Monitoring und Anspannung nach Abschluss des Prozesses notwendig sind.

Egal, ob es sich um ein Bonitätsprüfungsprojekt eines B2C- oder eines B2B-Kunden dreht, als Bonitätsprüfer ist es meine Aufgabe, zu Beginn eine umfassende Analyse und Bestandsaufnahme durchzuführen. Für eine erfolgreiche Umsetzung des Projekts ist es entscheidend, den Status Quos zu ermitteln.

Da meine Arbeit sehr vertraulich ist und bei jedem Unternehmen andere Kriterien gelten, habe ich hier versucht, so einfach wie möglich das herauszuarbeiten, was in Summe immer gleich abläuft, ohne zu sehr in Beispiele und ins Detail zu gehen. Hier die Schritte meiner Grundlagenarbeit. Sie sind die Basis für einen späteren Fahrplan der Bonitätsprüfung beim O2C-Prozess:

4.1 Schritt 1: Grundlagenarbeit – Ermitteln des Status Quo

1. Projektzusammenfassung
Ich fasse das Projekt nach einem Überblick und einer Status-Quo-Analyse zusammen, halte fest, was alles ins Projekt einfließen soll. Mit dem Ziel, in Schritt 2 eine effiziente Bonitätsprüfung für den jeweiligen Kunden zu implementieren.

2. Zielsetzung
Ich definiere präzise die Hauptziele des Projekts. Das beinhaltet die Steigerung der Genauigkeit der Bonitätsprüfung, die Reduzierung von Kreditrisiken und die Verbesserung der Effizienz des Prüfungsprozesses.

3. Umfang des Projekts
Zusammen mit dem Kunden lege ich den Umfang des Projekts fest und kläre, welche Aspekte der Bonitätsprüfung für das entsprechende Kundensegment bzw. für beide Kundensegmente (B2C und B2B) abgedeckt werden sollen.

4. Ressourcenplanung
Als nächstes geht es um die Ermittlung der benötigten Ressourcen. Sie umfasst Personal, Technologie, Finanzmittel und Zeit. Auch externe Ressourcen wie Dienstleister, Auskunfteien und Ratingagenturen sind zu berücksichtigen.

5. Risikoanalyse
Ich identifiziere und bewerte potenzielle Risiken, sei es in Sachen Datenqualität etwa welche Daten sind vorhanden und in welcher Form liegen sie vor. Aber auch hinsichtlich der rechtlichen Anforderungen und der technologischen Herausforderungen begutachte ich die Daten.

6. Technologische Anforderungen
Die technologischen Anforderungen müssen möglicherweise adressiert und auch hier Ressourcen zur Verfügung gestellt werden.

7. Datenschutz und Compliance
Beim Datenschutz und der Compliance ist sicherzustellen, dass das Projekt den Datenschutzbestimmungen und rechtlichen Anforderungen entspricht. Auch das fällt in die Grundlagenarbeit und besitzt eine sehr hohe Bedeutung.

8. Zeitplan
Ich erstelle einen detaillierten Zeitplan mit Meilensteinen und Schritten, um den Fortschritt zu überwachen und zu gewährleisten, dass das Projekt termingerecht zum Abschluss kommt.

9. Budgetierung
Die Schätzung der Kosten und die Erstellung eines Budgets sind Schlüsselfaktoren. Dabei berücksichtige ich alle relevanten Ausgaben, von Personalkosten bis hin zu Technologie- und Schulungskosten für die Mitarbeiter, die das System rund um die Bonitätsprüfung betreuen werden.

10. Kommunikationsplan
Ein klar definierter Kommunikationsplan legt fest, wie Informationen innerhalb des Teams und gegenüber Stakeholdern ausgetauscht werden.

Diese Grundlagenarbeit bildet das solide Fundament, auf dem das Projekt aufsetzt. Das Berücksichtigen dieser 10 Punkte schafft Klarheit über die Anforderungen, Ziele und Ressourcen. Das erleichtert die Umsetzung und erhöht die Chancen für den Projekterfolg.

4.2 Schritt 2: Klaren Fahrplan für die Datenverarbeitung aufstellen

Als nächstes stelle ich einen klaren Fahrplan für die Datenverarbeitung im Rahmen der Bonitätsprüfung auf. Mein Fokus liegt dabei auf der Festlegung von Daten, Entscheidungen und Regeln:

1. Daten definieren
Ich konkretisiere, welche Daten für eine aussagekräftige Bonitätsprüfung notwendig sind. Dies beinhaltet nicht nur die Grunddaten der Kunden, sondern auch relevante finanzielle Informationen und Zahlungshistorien.

2. Entscheidungspunkte festlegen
Beim Definieren von Entscheidungspunkten im Bonitätsprüfungsprozess lege ich fest, welche Kriterien und Schwellenwerte für die Bewertung der Bonität herangezogen werden.

3. Regeln aufstellen
Ich entwickle klare Regeln und Kriterien, nach denen die Bonitätsprüfung durchgeführt wird. Dies kann beispielsweise die Berücksichtigung von Einkommen, Ausgaben, bestehenden Krediten und anderen relevanten Faktoren umfassen.

4. Einbinden der Auskunfteien
Ich prüfe, wie die Zusammenarbeit mit verschiedenen Auskunfteien gestaltet werden kann, um auf externe Informationen zuzugreifen. Das können Bonitätsauskünfte, Zahlungshistorien und andere relevante Daten sein, die die interne Datenbank ergänzen und die Qualität der Bonitätsprüfung verbessern.

Durch die klare Definition von Daten, Entscheidungen und Regeln sowie die effektive Integration von Auskunfteien wird die Bonitätsprüfung präziser und fundierter. Dies ist entscheidend, um ein genaues Bild von der finanziellen Situation und Verlässlichkeit der potenziellen B2C- und B2B-Kunden zu erhalten.

Nachdem die Daten, Entscheidungen und Regeln klar definiert sind, widme ich mich dem Befüllen der Datenbank und der Durchführung eines Testbetriebs, um sicherzustellen, dass der Bonitätsprüfungsprozess reibungslos funktionieren wird.

5. Datenbank befüllen
Die Datenbank fülle ich sowohl mit internen als auch mit externen Daten. Interne Daten umfassen die Informationen, die das Unternehmen

bereits über den Kunden besitzt. Externe Daten, die von Auskunfteien bereitgestellt werden (siehe Abschn. 2.3.1.1), spielen eine tragende Rolle und sorgen für eine umfassendere Bonitätsbewertung.

6. Datenqualitätsprüfung
Nach der Befüllung führe ich eine umfassende Datenqualitätsprüfung durch. Sie beinhaltet die Überprüfung auf Inkonsistenzen, fehlende Informationen und mögliche Datenfehler. Die Qualität der Daten ist entscheidend für die Genauigkeit der Bonitätsprüfung.

7. Testbetrieb initiieren
Um sicherzustellen, dass der Bonitätsprüfungsprozess ordnungsgemäß funktioniert, starte ich einen Testbetrieb. Dabei durchlaufen eine begrenzte Menge an Testdaten den gesamten Prüfungszyklus. Mit dem Ziel, die Anwendbarkeit der festgelegten Regeln und Entscheidungspunkte zu erhärten.

8. Ergebnisse analysieren
Die Ergebnisse des Testbetriebs werden sorgfältig analysiert. Ich prüfe, ob die Bonitätsbewertungen den Erwartungen entsprechen und ob alle definierten Kriterien korrekt angewendet werden. In den Entscheidungen und Regeln (meist Score-Cards) sind natürlich mathematisch-statistische Verfahren sowie die Strategie des Unternehmens enthalten, sprich: berücksichtigt.

9. Anpassungen vornehmen
Basierend auf den Ergebnissen des Testbetriebs nehme ich gegebenenfalls Anpassungen vor. Das kann die Feinabstimmung von Regeln, die Optimierung von Entscheidungspunkten oder die Korrektur von Datenqualitätsproblemen umfassen.

10. Schulungen und Dokumentation
Parallel dazu sorge ich dafür, dass das Team über den neuen Bonitätsprüfungsprozess informiert ist. Schulungen werden durchgeführt, und alle Schritte in einer klaren Dokumentation festgehalten.

11. Kontinuierliche Verbesserung

Der Testbetrieb ist kein einmaliger Schritt. Ich implementiere Mechanismen für die kontinuierliche Überwachung und Verbesserung des Bonitätsprüfungsprozesses. Das beinhaltet regelmäßige Updates, um auf veränderte Marktbedingungen, neue gesetzliche Anforderungen oder verbesserte Technologien zu reagieren wie den Einsatz von KI zum Aufdecken von Betrug (Abschn. 6.4) oder innerhalb der Datenerfassung (siehe Abschn. 7.2).

Der erfolgreiche Abschluss des Testbetriebs ist ein entscheidender Meilenstein, um sicherzustellen, dass die Bonitätsprüfung effektiv, zuverlässig und den Geschäftsanforderungen gerecht wird. Jetzt kann das System live gehen und das Unternehmen den Bonitätsprüfungsprozess nutzen.

> **Monitoring und Anpassungen**
>
> Ist der Bonitätsprüfungsprozess im Unternehmen erfolgreich implementiert, gilt es, das System zu monitoren und kontinuierlich zu verbessern. Selbst wenn alles läuft, können sich Schwachstellen zeigen oder andere strategische Ziele verfolgt werden. Auch in dem Fall müssen Anpassungen im System erfolgen.

Zusammenfassung: Wie ein Bonitätsprüfer vorgeht

- Ganz wichtig ist zu Beginn eine Status-Quo-Analyse, um festzustellen, was ist vorhanden, aber auch um die Ziele des Unternehmens zu präzisieren.
- Der Prozess der Grundlagenarbeit ist ein genauer Abgleich an Punkten: Was ist vorhanden, was fehlt?
- Anschließend geht es darum, Daten zu definieren (auch externe von Auskunfteien und Datenpool), Entscheidungspunkte festzulegen und Regeln aufzustellen.
- Mit diesen Maßgaben können Bonitätsprüfer verschiedene Score-Cards erstellen und einen Testbetrieb der Bonitätsprüfung starten.
- Wichtig dabei ist, dass der Prozess, auch wenn er nach der erfolgreichen Sicherstellung, dass alles nach Wunsch läuft, permanent überwacht und geprüft wird. Mit dem Ziel, Schwachstellen und Lücken zu

finden und den Prozess der Bonitätsprüfung entsprechend anzugleichen, Das wird meist von darauf geschulten Mitarbeitern im Unternehmen durchgeführt.

4.3 Welche Folgen hat die Bonitätsprüfung – für Kunden, für das Unternehmen?

4.3.1 Für Käufer

Für den Kunden bedeutet die Bonitätsprüfung, dass die angebotenen Zahlungsmethoden einen direkten Einfluss auf die Entscheidung haben, ob er einen Kauf abschließt oder nicht. Die Vielfalt der Zahlungsoptionen bietet ihm mehr Komfort und Sicherheit bei der Transaktion. Die Auswahl an Zahlungsmöglichkeiten ist also nicht nur für das Unternehmen, sondern auch für den Kunden ein wichtiger Faktor. Er kann die Kaufentscheidung und das Vertrauen in den Kaufprozess maßgeblich beeinflussen.

Vier weitere Folgen für den Käufer sind:
1. **Verbesserte Kauferfahrung:** B2C-Kunden profitieren von schnelleren, reibungsloseren und benutzerfreundlicheren Transaktionen. Die Echtzeit-Bonitätsprüfung ermöglicht es Kunden, sofortige Entscheidungen über ihre Einkäufe zu erhalten. Das bietet ihnen Flexibilität und Bequemlichkeit.
2. **Personalisierte Angebote:** Kunden erhalten maßgeschneiderte Kredit- und Zahlungsoptionen, die auf ihre individuelle Bonität und Einkaufshistorie zugeschnitten sind. Dies kann zu attraktiveren Konditionen führen, die besser zu ihren Bedürfnissen passen.
3. **Sicherheit und Schutz:** Durch den Einsatz von KI zur Betrugserkennung fühlen sich Kunden sicherer, da verdächtige Aktivitäten schnell identifiziert und blockiert werden. Dies stärkt das Vertrauen in den Einkaufsprozess und schützt vor finanziellen Risiken.
4. **Schnellere Entscheidungen:** Kunden müssen nicht lange auf eine Bonitätsentscheidung warten. Der Kaufprozess wird beschleunigt und es wird ihnen so ermöglicht, schneller zu kaufen oder Finanzierungsoptionen zu nutzen.

4.3.2 Für das Unternehmen

Für das Unternehmen bedeutet die Bonitätsprüfung, dass die Auswahl und die Vielfalt der angebotenen Zahlungsmethoden direkten Einfluss auf die Umsätze und das Risikomanagement haben. Eine breite Palette von Zahlungsoptionen erhöht die Konversionsrate[1] und unterstützt das Kundenengagement. Gleichzeitig ermöglichen spezifische Zahlungsmethoden wie Sicherheitsmerkmale bei Kreditkartenzahlungen oder Risikobewertungstools eine effektive Kontrolle von Betrug und Risiken. Die richtige Auswahl und Implementierung von Zahlungsoptionen ist daher nicht nur für den Abschluss von Transaktionen, sondern auch für die Sicherheit und das Vertrauen der Kunden in das Unternehmen von entscheidender Bedeutung.

Vier weitere Folgen sind
1. **Risikominderung:** Unternehmen können das Risiko von Zahlungsausfällen reduzieren, indem sie genauere Bonitätsbewertungen vornehmen und Betrug effektiver erkennen. Dies hilft, finanziellen Verlusten wirksam vorzubeugen.
2. **Effizienzsteigerung:** Der Einsatz von KI automatisiert den Bonitätsprüfungsprozess und führt zu einer erheblichen Zeitersparnis und Effizienzsteigerung. Mitarbeiter können sich auf anspruchsvollere Aufgaben konzentrieren, während Routineaufgaben automatisiert ablaufen.
3. **Kundenzufriedenheit und -bindung:** Durch personalisierte Angebote und eine reibungslose Kauferfahrung können Unternehmen die Zufriedenheit ihrer Kunden steigern und langfristige Kundenbeziehungen aufbauen. Zufriedene Kunden sind eher geneigt, wiederzukehren und positive Mundpropaganda zu betreiben.

---

[1] Konversionsrate bedeutet soviel wie Umwandlungsrate. Ein Beispiel: Besuchen 100 Käfer im Monat eine Webseite und von diesen tätigen 25 einen Verkauf, dann ist die Konversionsrate 25 geteilt durch 100 und somit 25 %.

4. **Wettbewerbsvorteil:** Unternehmen, die innovative Technologien wie KI für ihre Bonitätsprüfung einsetzen, können sich einen Wettbewerbsvorteil verschaffen. Sie bieten nicht nur bessere Dienstleistungen für Kunden, sondern optimieren auch ihre betrieblichen Abläufe.

4.3.3 KVP

Im Kontext des kontinuierlichen Verbesserungsprozesses (KVP) bietet der Einsatz von KI und maschinellem Lernen in der Bonitätsprüfung sowohl für Kunden als auch für Unternehmen die Möglichkeit, ihre Prozesse, Dienstleistungen und Ergebnisse kontinuierlich zu verbessern.

Für den Kunden bedeutet das
- **Verbesserte Servicequalität:** Durch die kontinuierliche Anwendung von KI können Kunden eine stetige Verbesserung der Dienstleistungen erleben. Dies kann sich in schnelleren Entscheidungen, genaueren Bonitätsbewertungen und einer noch besseren Anpassung der Kredit- und Zahlungsangebote an deren Bedürfnisse zeigen.
- **Feedback-Integration:** Unternehmen können KI nutzen, um Kunden-Feedback zu analysieren und in die Bonitätsprüfung einzubeziehen. Durch die Integration von Kundenrückmeldungen gelingt es, Bonitätsentscheidungen exakter an die tatsächlichen Bedürfnisse und Erwartungen der Kunden anzupassen.
- **Kundenorientierung:** Kontinuierliche Verbesserungen ermöglichen es Unternehmen, ihre Dienstleistungen und Angebote noch stärker auf die Bedürfnisse ihrer Kunden auszurichten. Dies führt zu einer höheren Zufriedenheit und Bindung der Kunden an das Unternehmen.

Für das Unternehmen bedeutet das
- **Agilität und Flexibilität:** KI ermöglicht es Unternehmen, schneller auf Marktveränderungen zu reagieren. Durch kontinuierliche Verbesserungen können sie ihre Bonitätsprüfungsprozesse flexibler gestalten und besser auf sich ändernde Kundenanforderungen eingehen.

- **Optimierung von Geschäftsprozessen:** Der KVP-Ansatz unterstützt Unternehmen, ihre Bonitätsprüfung kontinuierlich zu optimieren. Durch Analyse von Prozessdaten und Kundenfeedback sind Unternehmen in der Lage, ineffiziente Bereiche zu identifizieren und zu verbessern.
- **Innovationsförderung:** KI bietet Raum für innovative Ansätze in der Bonitätsprüfung. Unternehmen können neue Technologien testen, um bessere Bewertungen vorzunehmen, den Service zu verbessern und neue Kundenbedürfnisse zu adressieren.
- **Lernende Organisation:** Durch die Integration von KI in den KVP-Prozess entwickeln Unternehmen eine Kultur der kontinuierlichen Verbesserung und des Lernens. Das Unternehmen wird agiler, reaktionsfähiger und kann aufgrund der gesammelten Daten kontinuierlich bessere Entscheidungen treffen.

Die Integration von KI in den kontinuierlichen Verbesserungsprozess ermöglicht es Unternehmen, sich an veränderte Marktbedingungen anzupassen, ihre Dienstleistungen permanent zu verbessern und eine höhere Kundenzufriedenheit zu erreichen. Kunden profitieren von personalisierten Angeboten und einem optimierten Service, während Unternehmen effizienter agieren und wettbewerbsfähiger werden.

5
Rechtlicher Rahmen und DSGVO

Jetzt geht es um das nicht unbedingt beliebte, aber sehr wichtige Thema „Rechtlicher Rahmen und DSGVO". Beides ist für die Bonitätsprüfung von hoher Relevanz und hält so manche Undeutlichkeit bereit. Gerade in Sachen Löschpflichten, wie Sie gleich lesen werden.

> **In diesem Kapitel erfahren Sie**
> - Was genau die EU-Datenschutz-Grundverordnung (kurz DSGVO) regelt.
> - Welche Auswirkungen das auf die Bonitätsprüfung hat.
> - Wann die erhobenen Daten gelöscht werden müssen.
> - Ob es wirklich klare Regelungen gibt.

Die EU-Datenschutz-Grundverordnung – besser bekannt unter dem Namen DSGVO – sorgt seit dem 25. Mai 2018 für einheitlichen Datenschutz sowie einheitliche Vorgaben. Etwa, wie mit personenbezogenen Daten innerhalb der EU-Mitgliedsstaaten bei der Verarbeitung vorzugehen ist. Mit dem Ziel, die Rechte der EU-Bürger in Sachen persönlicher Daten zu stärken sowie den Datenaustausch innerhalb der Europäischen Union zu vereinfachen. Nicht nur Unternehmen und öffentliche Institutionen innerhalb der EU, sondern auch außerhalb der Staatengemeinschaft, die mit diesen Geschäftsbeziehungen pflegen, müssen sich an die DSGVO halten.

Zu den Grundsätzen der DSGVO zählen:
- Vertraulichkeit
- Zweckbindung
- Datensparsamkeit
- Datensicherheit
- Datentransparenz
- Recht auf Vergessenwerden

Unternehmen, die keine funktionierenden organisatorischen und technischen Maßnahmen zum Datenschutz treffen, riskieren Bußgelder in Höhe bis zu 20 Mio. € bzw. bis zu vier Prozent ihres Jahresumsatzes. Jeder EU-Bürger, der einen Verstoß feststellt, kann diesen – unabhängig vom Ort des Verstoßes – seiner zuständigen nationalen Datenschutzbehörde melden. Art. 32 DSGVO stellt an die Speicherung personenbezogener Daten hohe IT-Sicherheitsanforderungen (vgl. auch www.selbstauskunft.com, abgerufen 2020).

5.1 DSGVO und Bonitätsprüfung

Was die Bonitätsprüfung anbelangt, wird das Kreditscoring (siehe Abschn. 2.3) durch Verbraucher- und Datenschützer stark kritisiert. Die Ablehnung eines Kredites oder die Ablehnung einer Lieferung von Waren gegen Rechnung aufgrund des Scorings ist dem Kunden oft nicht verständlich. Dieser Kritik wurde im neuen Bundesdatenschutzgesetz (BDSG [ab 25.05.2018]) Rechnung getragen. Die Verwendung von Kreditscoring-Systemen ist – so der Gesetzgeber – zulässig, wenn:

- die Vorschriften des Datenschutzrechts beachtet werden,
- dafür wissenschaftlich anerkannte mathematisch-statistische Verfahren genutzt werden,
- für die Berechnung des Wahrscheinlichkeitswerts nicht ausschließlich Anschriftendaten genutzt wurden und

- im Fall der Nutzung von Anschriftendaten die betroffene Person vorher über die vorgesehene Nutzung dieser Daten unterrichtet worden ist. Dabei ist die Unterrichtung zu dokumentieren (§ 31 BDSG [ab 25.05.2018]) (Lexoffice o. J.).

Je nach Branche – Kreditwesen, Versand- und Online-Handel oder Versicherung – unterscheiden sich die Anforderungen an die Bonitätsprüfung. Am reglementiertesten sind die Anforderungen bei Finanzinstituten. So verlangt § 18 KWG, dass sich Finanzdienstleister laufend Informationen über die wirtschaftlichen Verhältnisse ihrer Kreditnehmer beschaffen. Dazu sind geeignete Kreditunterlagen anzufordern, welche ihrerseits wiederum für die Einstufung der Schuldner in bestimmte Risikoklassen herangezogen werden müssen. Außerdem wird durch Art. 144 Nr. 1a der Kapitaladäquanzverordnung von sogenannten CRR-Kreditinstituten[1] verlangt, dass für jeden Schuldner ein Rating zu ermitteln ist.

Bei der Bestimmung der Bonitätskriterien wird den Finanzinstituten jedoch eine gewisse Freiheit gewährt, solange sie mit den Regelungen in der MaRisk für Kreditinstitute konform gehen. Grundsätzlich dienen diese Maßnahmen dem Schutz der Kreditinstitute, aber insbesondere auch deren Gläubiger. Durch sie sollen weitestgehend die Interessen beider Parteien angemessen und gleichwertig berücksichtigt werden. Laut Unabhängigem Landeszentrum für Datenschutz bedarf es aber einer ausdrücklichen Legitimation. Unabhängig der Branche dient die Zulässigkeit der Verfahren als Voraussetzung, dass die verwendeten Merkmale eine direkte Relevanz für die Bonitätsbewertung und keine diskriminierende Folge für die Beteiligten haben. Denn erste Verfahren in den USA beispielsweise ließen eindeutig Rückschlüsse auf die Rasse des Antragstellers schließen. Und genau solche Aussagen sollen vermieden werden.

5.1.1 Prüffristen verlangen eine mehrjährige Speicherung

Die derzeitigen Prüfungsfristen von gesammelten Daten in § 35 Abs. 2 Nr. 4 BDSG sind starr und sehen eine Überprüfung frühestens nach drei,

---

[1] CRR-Kreditinstitute nehmen Einlagen oder andere rückzahlbare Gelder von Anlegern entgegen und gewähren gegen Rechnung Kredite.

spätestens nach vier Jahren vor. Selbst wenn die Erforderlichkeit der Speicherung früher wegfällt, gibt es keinerlei vorgezogene Prüf- und Löschpflicht. Für Auskunfteien wie für Unternehmen. Das führt notwendigerweise dazu, dass Daten über bis zu drei Jahren gespeichert werden können. Selbst wenn die Speicherung nicht mehr erforderlich ist und sich aus den Daten möglicherweise negative Auswirkungen für den Betroffenen ergeben könnten.

Als Ziel der regelmäßigen Prüfungspflichten gilt es aber, spätestens nach Ablauf von vier Jahren „klare Verhältnisse" zu schaffen (BDSG 2011). Diese Regelung steht mit anderen Rechtsansprüchen in Konflikt, wenn dort kürzere und vor allem kurzfristigere Löschpflichten vorgesehen sind. Allerdings sollte insoweit zwischen Berichtigung und Löschung unterschieden werden. Die Löschung aus § 35 Abs. 2 Nr. 4 BDSG orientiert sich am Merkmal der Erforderlichkeit. Solange die Daten für die Auskunftei noch dem ursprünglichen Zweck dienen, nämlich über die wirtschaftliche Leistungsfähigkeit Auskunft geben zu können, solange ist die Speicherung erledigter Sachverhalte „erforderlich".

Eine davon abzukoppelnde Frage ist, ob der erledigte Sachverhalt tatsächlich richtig war. Ist dies nicht der Fall, greift der Berichtigungsanspruch, nicht jedoch der Löschungsanspruch. Zu anderen Rechtsansprüchen steht § 35 Abs. 2 Nr. 4 BDSG also nur im Widerspruch, wenn dieser andere Rechtsanspruch zu einer Löschung führen müsste, obwohl die Kenntnis des Datums noch Zwecke für die Auskunftei erfüllen kann (also „erforderlich" ist).

5.1.2 Verkürzte Löschfristen

Kurzfristigere Löschfristen finden sich etwa in § 882e Abs. 3 ZPO. Unabhängig von den Prüfintervallen des BDSG verlangt dieser Paragraf nach spätestens drei Jahren die Löschung von Einträgen aus dem Schuldnerverzeichnis. Diese Regelungen gehen nach Stimmen in der Literatur den Prüfpflichten des BDSG vor (Wedde et al. 2014) und dienen der Verwirklichung des informationellen Selbstbestimmungsrechts des Schuldners (Vorwerk und Wolf 2016). Fraglich ist aber, welche Folge genau aus diesem Vorrang folgt. Insbesondere ist fraglich, ob die Löschpflicht aus dem Schuldnerverzeichnis auch mit der Löschung bei Auskunfteien einhergehen muss. Für diese Ansicht spricht zum einen, dass das Ziel des § 883e ZPO unter Umständen karikiert würde, wenn die Tatsache der Eintragung im Schuldnerverzeichnis zwar bei den zuständigen Vollstreckungsgerichten zu löschen wäre, bei den Auskunfteien aber noch vorhanden bleiben dürfte. Zum anderen stellt auch die Gesetzesbegründung klar, dass mit Löschung aus dem Schuldnerverzeichnis das Interesse der Auskunftei an der Speicherung entfällt (Bundestag, Drucksache 2008). Schließlich könnte auch angeführt werden, dass mit Einführung des § 882e ZPO der alte § 915b ZPO ersetzt wurde, der vorsah, dass eine entsprechende Auskunft an Auskunfteien nicht mehr erteilt werden durfte, wenn seit Eintragung ins Verzeichnis mehr als drei Jahre vergangen sind. Dass auf diese Klarstellung verzichtet wurde, beruht aber weniger darauf, dass überhaupt keine Auskünfte über Eintragungen in Schuldnerverzeichnisse mehr erlaubt sind, sondern trägt nur dem Umstand Rechnung, dass mit dem Entwurf eines Gesetzes zur Reform der Sachaufklärung in der Zwangsvollstreckung von der starren Jahresendregel auf die Stichtagsregel umgestellt wurde (Bundestag, Drucksache 2008).

> **Urteil gegen einen Gleichlauf der Löschpflichten**
>
> Gegen einen Gleichlauf der Löschpflichten urteilte auch das OLG München und führte aus, dass die Löschung aus dem Schuldnerverzeichnis nicht zwingend mit der Löschung in der Datenbank einer Auskunftei einherzugehen hat. Ein Eintrag über entsprechende Eintragungen mit dem Vermerk „erledigt" sei vielmehr auch nach Löschung aus dem Schuldnerverzeichnis hinzunehmen (OLG München 1981).
> Die Erklärung: Der damalige § 915b ZPO lasse sich nicht auf das BDSG übertragen, weil das Schuldnerverzeichnis vorrangig der Zwangsvollstreckung diene, während es für die Wirtschaftsauskunfteien bei der Vergabe von Krediten hilfreich sei. Die Auskunftei sei auf eine Beurteilung des Schuldners über einen länger zurückreichenden Zeitraum angewiesen und die Funktionsfähigkeit der Wirtschaft auch nach Austragung aus dem Schuldnerverzeichnis auf Kenntnis über derartige kurzfristige Liquiditätsprobleme angewiesen. Aus § 35 Abs. 2 Nr. 4 BDSG folgt nur die Pflicht zur Löschung von Abdrucken oder Kopien des Schuldnerverzeichnisses (Simitis 2011). Das OLG München gestattet die Nutzung dieser Daten in mittelbarer Weise ausdrücklich. Ergibt sich aus dem Kontext der Eintragung in der Datenbank einer Auskunftei, dass der Eintrag im Schuldnerverzeichnis früher vorlag, aber mittlerweile gelöscht ist, wird diese geduldet.

§ 35 Abs. 2 Nr. 4 BDSG widerspricht § 833e ZPO damit so lange nicht, wie diese Aussage über die Vergangenheit der Wahrheit entspricht. Stimmt diese Tatsache nicht mit der Wirklichkeit überein, so greift statt des Löschanspruchs der Berichtigungsanspruch aus § 35 Abs. 1 BDSG, der zumeist aber praktisch mit der Löschung identisch sein wird.

Die Frage ist damit, ob das Interesse des Schuldners an der Löschung aus dem Schuldnerverzeichnis gleichzeitig auch verlangt, dass jedwede Informationen hinsichtlich der dazu führenden Umstände gewissermaßen „vergessen" werden müssen. Da es aber keinen generellen Grundsatz gibt, dass ehemals unerfüllte Forderungen aus Auskunfteien zu löschen sind, sobald sie erfüllt werden, ist insgesamt davon auszugehen, dass insoweit kein Widerspruch zwischen § 35 Abs. 2 Nr. 4 BDSG und § 882e ZPO besteht.

5.1.3 Verkürzte Löschfristen auch bei Restschuldbefreiung?

Weitere Fälle, in denen eine in Bezug auf § 35 Abs. 2 Nr. 4 BDSG vorgezogene Löschung von Daten notwendig sein kann, sind die Insolvenzbekanntmachungen, insbesondere die Restschuldbefreiung nach § 300 InsO. Sie bewirkt mit Ablauf von sechs Jahren nach Eröffnung des Verfahrens die Befreiung von allen Insolvenzschulden (§ 287 Insolvenzverordnung (InsO). Die Eröffnung des Verfahrens wird öffentlich bekannt gemacht (§ 287 Abs. 2 S. 3 InsO). Die darauf aufbauende Speicherung dieses Datums durch Auskunfteien ist nach § 29 Abs. 1 S. 2 Nr. 2 BDSG zulässig.

Ist das Insolvenzverfahren erfolgreich abgeschlossen und tritt die Wirkung der Restschuldbefreiung ein, stellt sich analog zum Schuldnerverzeichnis die Frage, ob die Tatsache der erfolgten Restschuldbefreiung unverzüglich zu löschen ist oder mit einem „erledigt"-Vermerk solange gespeichert bleiben darf, wie die Kenntnis dieses Umstands für die Auskunftei noch „erforderlich" ist.

Die Rechtsprechung geht auch hier davon aus, dass keine unmittelbare Löschung erforderlich ist, sondern die normale Pflicht des § 35 Abs. 2

Nr. 4 BDSG ausreicht und begründet dies damit, dass die Tatsache der Restschuldbefreiung eine für den Geschäftsverkehr wichtige Information über gegenwärtige und vergangene Kreditwürdigkeit ist (Wiesbaden, Amtsgericht, 2011. MMR 2011, 283 m. w. N.). Allerdings verweist die Rechtsprechung regelmäßig nur auf die „gesetzliche Frist" von drei Jahren ohne genauer auszuführen, ob damit eine unverzügliche Löschung ohne erneute Erforderlichkeitsprüfung oder nur eine vorgezogene Erforderlichkeitsprüfung gemeint ist. In Einzelfällen wird jedoch klargestellt, dass grundsätzlich nur eine frühere Neuprüfung der Erforderlichkeit in Frage kommt (Karlsruhe, Verwaltungsgericht Gerichtsbescheid vom 20.10.2012 – 6K-1837/12).

Die Löschfristen bezüglich der öffentlich zugänglichen Register begründen sich neben anderen Aspekten auch aus dem Interesse der Betroffenen, wirtschaftlich „neu anzufangen". Mit diesem Interesse kollidieren die statischen Löschfristen des BDSG durchaus (Johannsen 2013). Allerdings ist die Frage der Konkurrenz zu § 35 Abs. 2 Nr. 4 BDSG eher beim Merkmal der Erforderlichkeit zu klären.

Die bisherige Auffassung, dass die Kenntnis vergangener wirtschaftlicher Verhältnisse auch nach Erledigung des Ausgangsereignisses für das Auskunftsgeschäft der verantwortlichen Stellen noch „erforderlich" ist, sollte überdacht werden. Es sollte eine konkrete zeitliche Grenze geben, ab der vergangene Zahlungsprobleme nicht mehr als relevant für die Kreditwirtschaft akzeptiert werden. Nur so lässt sich verhindern, dass sich nach drei oder vier Jahren eine Speicherung verlängert, weil die Kenntnis nach wie vor als „erforderlich" eingestuft wird. Solange die „Erforderlichkeit" deutlich länger als die bisherigen drei Jahre im BDSG angenommen wird, droht im Hinblick auf die gesetzlichen Löschpflichten aus der ZPO und der Insolvenzordnung (InsO) eine Ungleichbehandlung, die nicht mehr mit dem Interesse des Geschäftsverkehrs zu rechtfertigen ist. Bestenfalls ist deshalb die Prüfung der „Erforderlichkeit" unmittelbar nach Löschung aus den öffentlichen Registern zu verlangen. Mit Löschung aus dem Schuldnerverzeichnis oder erfolgreich abgeschlossener Wohlverhaltensperiode (so nennt der Gesetzgeber bonitätsgemäßes Verhalten) besteht ein starkes Indiz für eine nun erreichte Kreditwürdigkeit (Krämer 2012).

5.2 Sind automatisierte Bonitätschecks DSGVO-fest?

Was, wenn der Computer bei Bonitätschecks automatisiert entscheidet und „nein" sagt? Das Verfassungsgericht (VG) entschied in diesem Fall: Es sei Sache des Europäischen Gerichtshofs (EuGH) zu überprüfen, ob das Scoring-Vorgehen rechtlich wasserdicht sei und fragt: Inwiefern fällt das Prozedere automatisierten Scorings unter die europäische Datenschutzgrundverordnung – wird hier gegen Art. 22 DSGVO verstoßen? Danach dürfen weitreichende (Kreditvertrags-)Entscheidungen nämlich nicht allein auf automatisiert errechneten Score-Werten einschließlich Profiling fußen. Insofern darf kein Kunde einer Entscheidung unterworfen werden, die so zustande kommt, es sei denn, er gibt seine ausdrückliche Einwilligung dazu. Schließlich entfaltet eine solche Entscheidung – wie die Kreditablehnung im konkreten Fall – gegenüber einer Person rechtliche Wirkung bzw. beeinträchtigt diese in ähnlicher Weise erheblich.

Entsprechend bereite das Generieren von Score-Werten die Entscheidung nicht nur vor, sondern komme einer selbstständigen Entscheidung gleich. Das Verwaltungsgericht sieht gewichtige Anhaltspunkte, dass Entscheidungen in der Praxis erheblich durch die Score-Werte der Wirtschaftsauskunfteien bestimmt werden. Eine Automation, vor der es die DSGVO-Verbraucher eigentlich schützen soll! Doch begründen Auskunfteien, so auch im aktuellen Fall die Schufa (siehe Abschn. 2.3.2.4), dass ihr Score allein keinen Vertragsschluss begründet.

Wie kann es sein, dass diese Vorgehensweise der Scoring-Firmen bislang so ungehindert akzeptiert wurde? Diese hatten bislang damit argumentiert, dass der Score-Wert allein noch keine Entscheidung für oder gegen einen Vertragsschluss begründe. Vielmehr entschieden erst die konkreten Anbieter – etwa die Bankberater der Geldinstitute als Kunden der Wirtschaftsauskunfteien – über die Kreditwürdigkeit im Einzelfall. Für das Verwaltungsgericht Wiesbaden greifen solche Argumente zu kurz, weil sie an der Realität vorbeigehen. Denn tatsächlich träfen nicht die Partner der Auskunfteien wie Banken bzw. deren Angestellte solche Entscheidungen, sondern der – automatisch generierte – Scoring-Wert gebe die Marschrichtung vor. Allerdings hat ein aktuelles Urteil des Europäischen Gerichtshofs die Betroffenenrechte massiv gestärkt. Das bedeutet, der Schufa-Score allein darf nicht mehr darüber entschieden, ob der Bankberater den Daumen hebt oder senkt (siehe Abschn. 2.3.2.4) – und was das für die Bonitätsprüfung grundsätzlich bedeutet, dazu kommen wir gleich in Abschn. 5.3.

Berechtigte Skepsis an BDSG-Score-Parametern durch VG Wiesbaden
Die Entscheidung des EuGH (auch in Hinblick auf die Schufa, siehe Abschn. 2.3.2.4) könnte spannend werden – und weitreichende Verbesserungen für europäische Verbraucher bringen. Wie sind die Parameter, die laut BDSG in der Score-Kalkulation zum Einsatz kommen, überhaupt mit der DSGVO und der deutschen Gesetzgebung umsetzbar?, wirft es die Frage auf. Und wir dürfen gespannt auf die Antwort sein.

5.3 Gibt es klare Datenschutzregelungen zur Bonitätsprüfung?

Um es geradeheraus zu sagen: Eine klare Vorschrift zur Unzulässigkeit bestimmter Scoring-Vorgehensweisen – insbesondere zu einer unzulässigen Erhebung-, Verarbeitung und Nutzung bezüglich spezieller personenbezogener Daten – fehlt aktuell noch. Übermittlungs- und Nutzungsverbote für einzelne Daten können sich aus den §§ 28, 29 BDSG ergeben, die über § 28b Nr. 2 BDSG anwendbar sind. Ein Nutzungsverbot ergibt sich aus § 28 Abs. 6 BDSG. Demnach steht die Nutzung von besonderen Arten personenbezogener Daten (Angaben über die rassische und ethnische Herkunft, politische Meinungen, religiöse oder philosophische Überzeugungen, Gewerkschaftszugehörigkeit, Gesundheit, Sexualleben nach § 3 Abs. 9 BDSG (siehe Abschn. 2.3.2.2) grundsätzlich unter dem Vorbehalt der Einwilligung durch den Betroffenen. In diesem Kontext wäre zum Beispiel auch ein Gesundheits-Scoring bei Mitgliedern einer privaten Krankenversicherung etwa zur Beitragsbestimmung unzulässig.

Im Folgenden stelle ich aus aktuellem Anlass die grundlegenden Wirkungen der Gesetzesänderungen aus dem Jahre 2009 dar. Denn nach wie vor gehen zahlreiche Beschwerden von Bürgerinnen und Bürgern bei den Datenschutzaufsichtsbehörden ein. Die Kritik richtet sich:

- gegen zu abstrakt und unverständlich beauskunftete Datenarten wie „Allgemeine Daten" oder „Kreditnutzung" und
- gegen die Darstellung des Zustandekommens und der Bedeutung von Score-Werten.

Laut Aussagen aller befragten Auskunfteien führte die Novelle von 2009 zu einem deutlichen Anstieg der Selbstauskünfte. Es musste zusätzliches Personal eingestellt werden. Im Zeitraum 2011 bis 2013 ist die Anzahl der Auskunftsersuchen nach Angaben der Mehrzahl der Auskunfteien stabil geblieben. Die Anzahl der Selbstauskünfte pro Auskunftei schwankt in Abhängigkeit der Anzahl der gespeicherten Daten. Bürgel gibt die Zahl der Selbstauskünfte für das Jahr 2013 mit zirka 20.000 an. Bei der Creditreform waren es 28.360. Arvato INFOSCORE berichtet von 56.000, Deltavista von zirka 60.000 Selbstauskunftsanfragen im Jahr 2013. Die Schufa hat 1,6 Mio. Auskünfte an Verbraucher erteilt, davon sind 686.000 kostenlose Eigenauskünfte im Jahr 2013. Diese hohe Anzahl reflektiert die herausgehobene Marktposition der Schufa im Verbrauchersektor.

Generell ist jeweils im Januar eine Anfrage-Spitze erkennbar und wenn im Fernsehen ein Beitrag zum Thema Scoring läuft, steigen die Anfragen ebenfalls. Inwiefern der generelle Anstieg auf die erhöhte mediale Aufmerksamkeit im Rahmen der Diskussion um die Gesetzesnovelle zurückzuführen ist oder aber auf die Möglichkeit, einmal jährlich eine Anfrage beantwortet zu bekommen, lässt sich abschließend nicht beurteilen. Nach Auffassung des Verbandes der Handelsauskunfteien hat sich durch die Gesetzesnovelle die Transparenz erheblich verbessert.

Die Mehrzahl der befragten Kreditinstitute berichtet, dass die Gesetzesnovelle keine grundlegenden Auswirkungen auf die Einschätzung und Prüfung der Bonität gehabt hat, da die diesbezüglichen Vorgaben schon vor der Gesetzesnovelle 2009 erfüllt waren.

Es seien eher die technischen Verarbeitungsprozesse angepasst worden: Die Routinen wurden so umgestellt, dass sie den Erfordernissen entsprächen und von der BAFIN und den Datenschutzaufsichtsbehörden teilweise akzeptiert würden. Angepasst wurden einige Prozesse im formalen Bereich wie die Information bei Anschriftendaten und bei Online-

Anfragen. Ebenso seien die Rechte nach § 6a BDSG (Verbot der automatisierten Einzelentscheidung) berücksichtigt worden.

Die Datenschutznovelle hatte keine grundsätzlichen Auswirkungen auf den Einsatz von Scoring-Verfahren bei den befragten Kreditinstituten, sondern hat im Wesentlichen nur zu Anpassungen in den technischen Verarbeitungsprozessen geführt.

Von den angesprochenen Unternehmen Allianz Deutschland, DEVK Versicherungen, AXA, ERGO, VHV Hannoversche Leben, ADAC Schutzbrief- und Rechtsschutzversicherung, PayPal, Ratepay/OTTO, Telekom, Vodafone und Toyota Financial Service haben sich nur Vodafone und die ERGO-Versicherung für ein Interview zur Verfügung gestellt. Die nachfolgenden Ergebnisse basieren daher nur auf den Angaben dieser beiden Unternehmen.

ERGO berichtet, es habe keinerlei Veränderungen gegeben, da bei Vertragsablehnung für Verbraucher schon immer das Recht bestand, nach den Gründen der Ablehnung zu fragen.

Vodafone erledigt das Kunden-Scoring grundsätzlich nicht selbst; es werden Daten der Schufa und des Fraud Prävention Pools (FPP, Bürgel) genutzt. Seit der BDSG-Novelle fordern Verbraucherinnen und Verbraucher verstärkt Eigenauskünfte nach § 34 BDSG an. Laut Angaben von Vodafone gab es im Geschäftsjahr 2011/2012 225 Auskünfte, im Geschäftsjahr 2012/2013 484 Auskünfte bei rund 12 Mio. Kunden (Unabhängiges Landeszentrum für Datenschutz 2014).

Die neuen Gesetzesänderungen sind in Arbeit und lassen gerade im Detail aufhorchen – je nach Umsetzung im Spielraum des Urteils des EuGH (siehe Abschn. 2.3.2.4).

Zusammenfassung: DSGVO

- Rechtliche Prüfpflichten verlangen eine mehrjährige Speicherung.
- In bestimmten Fällen gibt es verkürzte Löschpflichten aus dem Schuldnerverzeichnis. Etwa bei der Restschuldbefreiung.
- Es gibt aktuell noch keine klare Vorschrift bezüglich bestimmter Scoring-Vorgehensweise. Das heißt, es bleibt abzuwarten, wie der Gesetzgeber mit dem Urteil des Europäischen Gerichtshofs umgeht und damit auch, wie Scoring-Dienstleister darauf einwirken werden.

Literatur

BDSG (2011) https://beck-online.beck.de›SimKoBDSG.glud2.htm Dix, in: Simitis, BDSG, 7. Aufl. 2011, § 35 Rn. 42 m.w.N.
Bundestag, Drucksache 16/10069, 2008, S. 40, o.V.
Johannsen, Christine, 2013. *Beendete Insolvenzverfahren und keine „Gnade des Vergessens"*, ZVI, 41, RWS Verlag Kommunikationsforum GmbH.
Krämer, A. 2012, NJW.
Lexoffice Redaktion, Haufe-Lexware GmbH & CoKG, o.J. *Kennzahlen*, www.lexoffice.de/lexikon/kennzahlen.
Simitis, S. 2011. BDSG 7. Auflage § 35 Rn 44 retrieved from https://beck-online.beck.deSimKOBDSG.glud2.htm.
OLG München, NJW 1982, 244, 1981, o.V.
Unabhängiges Landeszentrum für Datenschutz Schleswig-Holstein & GP Forschungsgruppe, Scoring nach der Datenschutz-Novelle 2009 und neue Entwicklungen, Abschlussbericht Az.: 314-06.01-2812HS021, Förderkennzeichen: 2812HS021, 2014.
Vorwerk und Wolf (2016) https://beck-online.beck.de›MuekoZPO.ZPO. p882e.htm Utermark, in: Beck'scher Online-Kommentar ZPO, § 882e, Rn. 1.
Wedde, Däubler, Klebe, & Weichert. (2014). BDSG 4 Auflage § 28 Rn 58.

6

Fraud und wie Sie sich dagegen schützen

Fraud also Betrug nimmt im digitalen Miteinander immer stärker zu, und der Erfindungsreichtum der Gauner im Netz ist nicht zu unterschätzen. In diesem Kapitel liste ich vor allem auf, was Diebe sich einfallen lassen, um Identitäten, Ware und Dienstleistungen extern auf unrechtmäßigem Weg zu ergattern und gebe Ratschläge, wie Sie sich schützen können. Sie sollen, sofern das noch nicht geschehen ist, bei der weiteren Entwicklung der Schutzmaßnahmen helfen.

> **In diesem Kapitel erfahren Sie**
> - Wo Betrug (Fraud) überall auftreten kann.
> - Wie sich interner und externer Fraud unterscheidet.
> - Wie variantenreich die Täuscher sein können.
> - Was beispielsweise „Wangiri", „Juice Jacking" und „Invoice Fraud" bedeuten.

Die Geschäftswelt sieht sich zunehmend mit Betrug konfrontiert, im internationalen Sprachgebrauch und im Fachjargon der Bonitätsprüfer auch Fraud genannt.

> **Fraud**
>
> Aus dem Englischen übersetzt heißt Fraud Betrug, Täuschung und ist ein Sammelbegriff, der verschiedene Formen von Wirtschaftskriminalität und von Unternehmenskriminalität anzeigt. Gemeint ist vorsätzliches Handeln, Dulden und Unterlassen von Handlungen, die mit dem Ziel eingesetzt werden, sich persönlich oder auch als Unternehmen zu bereichern.

Auch wenn Betrug viele Schattierungen besitzt, möchte ich mich bei meinen nachfolgenden Ausführungen vor allem auf Betrug und dessen Auswirkungen in der Antrags- bzw. Bonitätsprüfung konzentrieren. Zwei grundlegende Kategorien, die Unternehmen im Auge behalten müssen, sind interner Betrug und externer Betrug. Das Verständnis der Unterschiede zwischen diesen beiden Arten von Betrügereien ist von entscheidender Bedeutung, um angemessene Schutzmechanismen zu entwickeln und Risiken zu minimieren.

6.1 Interner und externer Betrug – eine Unterscheidung

Interner Betrug bezieht sich auf betrügerische Handlungen, die von Personen innerhalb des Unternehmens begangen werden. Dabei kann es sich um Mitarbeiter, Manager oder sogar Führungskräfte handeln. Typische Beispiele sind Unterschlagung von Geldern, Abrechnungsbetrug, Korruption und Insiderhandel. Interne Betrugsfälle sind besonders heikel, da die Täter das Unternehmen von innen heraus kennen und oft Zugang zu sensiblen Informationen besitzen. Interne Betrüger handeln aus verschiedenen Motiven. Darunter zählen finanzielle Schwierigkeiten, Unzufriedenheit mit dem Arbeitsplatz oder der Versuch, persönliche Ziele zu erreichen.

Da die Motivation dazu vielfältig sein kann, erfordert es eine genauere Analyse der individuellen Umstände, um präventive Maßnahmen zu entwickeln. Etwa fortschrittliche Überwachungssysteme und/oder ein starkes internes Kontrollumfeld. Hilfreich sind in diesem Zusammenhang

Mitarbeitertrainings, regelmäßige Überprüfungen und die Förderung einer Unternehmenskultur der Transparenz und Ethik.

Externer Betrug bezeichnet im Gegensatz zum internen Betrug kriminelle Handlungen, die von Personen oder Organisationen außerhalb des Unternehmens begangen werden. Akteure können Kunden, Lieferanten oder Konkurrenten sein. Typische Beispiele für externen Betrug sind Identitätsdiebstahl, Kreditkartenbetrug, Lieferantenbetrug und Phishing.[1] Dabei nutzen die Täuscher oft die Schwachstellen eines Internetusers oder Unternehmens aus. Mit dem Ziel, sich finanziell zu bereichern; ihr Motiv kann aber auch Wettbewerbsverzerrung oder Geldwäsche sein.

Die Prävention von externem Fraud erfordert meist eine enge Zusammenarbeit mit externen Partnern wie Banken, Lieferanten und Kunden. Technologische Lösungen wie Firewalls, Antivirusprogramme und regelmäßige Schulungen der Mitarbeiter können vorbauen, um sich vor den vielfältigen Bedrohungen von außen zu schützen. Wie erfinderisch die Diebe sind, erfahren Sie ab Abschn. 6.3.

6.2 Betrug und die Bonitätsprüfung

Die Bonitätsprüfung steht als eine grundlegende Säule im Finanzsektor im Zentrum von Geschäftstransaktionen – sowohl im B2B- als auch im B2C-Umfeld. Ihre Funktion, die Kreditwürdigkeit von Unternehmen und Einzelpersonen zu bewerten, bildet die Grundlage für eine verantwortungsbewusste Kreditvergabe und verschiedene finanzielle Entscheidungen. Auch in diesem Prozess lauert die wachsende Bedrohung, Opfer von Betrügern zu werden, weil diese nicht nur Schwachstellen auslosten, sondern auch immer mehr Erfindungsreichtum an den Tag legen.

So können im B2B-Bereich gefälschte Handelsreferenzen, manipulierte Finanzberichte und betrügerische Geschäftspartnerschaften die Bonitätsbeurteilung verzerren. Im B2C-Bereich wiederum sind häufig Identitätsdiebstahl, gefälschte Einkommensnachweise und Kreditbetrug

---

[1] Mit betrügerischen Mails, Textnachrichten oder Webseiten gemeint, die darauf abzielen, persönliche Daten von Internetnutzern abzugreifen.

anzutreffen, mehr dazu siehe Abschn. 6.3. Die weitreichenden Betrugsstrategien setzen Finanzinstitute und Unternehmen verschiedenen Risiken aus.

> **Schwachpunkt: Identifikation von Betrug**
>
> Die traditionellen Methoden der Bonitätsprüfung zeigen gelegentlich Schwächen bei der Identifikation von Betrug. Sowohl im B2B- als auch im B2C-Bereich sind statische Datensätze und traditionelle Prüfverfahren oft unzureichend, um den raffinierten Machenschaften und Techniken der Betrüger standzuhalten. Die Globalisierung erhöht das Risiko weiter, da internationale Geschäfte zusätzliche Überprüfungsbarrieren schaffen.

Im Anschluss finden Sie eine Auswahl der Methoden, die Betrüger einsetzen und die in der einen oder anderen Form vermutlich jeder von Ihnen schon einmal erlebt hat. Auch wie schnell man selbst Geschädigter ist, etwa wenn man Laufschuhe bestellen möchte und plötzlich auf der Seite eines Skimmers landet oder versehentlich einen eigenartigen Link öffnet … Umso wichtiger ist es, sich zu schützen, als Privatperson und natürlich als Unternehmen.

6.3 So erfinderisch sind die Betrüger – die Methoden

Im Folgenden das Spektrum der Methoden, wie Diebe vorgehen und wie Sie sich als Unternehmen, aber auch als Privatperson schützen können.

6.3.1 Identitätsdiebstahl

Unternehmen sind nicht selten mit der Tatsache konfrontiert, dass ein Kreditantrag unter Verwendung gestohlener oder gefälschter Identitätsinformationen eingereicht wird. Dies kann mit Hilfe von gestohlenen Sozialversicherungsnummern erfolgen, von gefälschten Ausweisdokumenten oder anderen persönlichen Informationen. Identitätsdiebstahl ist eine schwerwiegende Form externen Betrugs, bei dem eine Person oder eine Gruppe von Personen die Identität einer anderen Person stiehlt, um finanzielle Vorteile zu erlangen oder Straftaten zu begehen. Dabei werden persönliche Informationen wie Name, Geburtsdatum, Sozialversicherungsnummer, Bankkontodaten oder andere vertrauliche Daten ohne Zustimmung der betroffenen Person genutzt.

Wie läuft Identifikationsdiebstahl ab?
1. **Datenbeschaffung:** Identitätsdiebe sammeln zuerst Informationen über ihr Opfer. Das kann auf verschiedene Weise geschehen und selbst das Durchsuchen des Hausmülls umfassen, das Abfangen von Post, das Hacking von Online-Konten oder das Ausspionieren persönlicher Gespräche.
2. **Erstellung einer gefälschten Identität:** Mit den gesammelten Daten erstellen die Diebe eine gefälschte Identität. Sie können beispielsweise im Namen des Bestohlenen neue Bankkonten eröffnen, Kreditkarten oder Versicherungspolicen beantragen.
3. **Finanzielle Ausnutzung:** Mit dieser falschen Identität erschleichen Betrüger Kredite, teure Waren oder Dienstleistungen. Sie plündern Bankkonten oder Depots.
4. **Straftaten:** Identitätsdiebe können auch Straftaten im Namen des Opfers begehen. Das kann soweit führen, dass das Opfer für Verbrechen haftbar gemacht wird, die es nicht begangen hat.
5. **Reputations- und Kreditschäden:** Neben den finanziellen Auswirkungen kann Identitätsdiebstahl erhebliche Auswirkungen auf die persönliche und finanzielle Reputation des Opfers haben. Ein gestohlenes Identitätsprofil kann zu Schwierigkeiten führen, neue Kredite zu erhalten oder seinen guten Ruf zu bewahren.

Um sich vor Identitätsdiebstahl zu schützen, ist es wichtig, vorsichtig mit persönlichen Informationen umzugehen, starke Passwörter zu verwenden, vertrauliche Dokumente sicher aufzubewahren und regelmäßig Kreditberichte zu überwachen. Zudem können Dienstleistungen zur Überwachung des Kredits und zur frühzeitigen Erkennung von Identitätsdiebstahl in Anspruch genommen werden.

Im Falle eines Identitätsdiebstahls ist es wichtig, die Strafverfolgungsbehörden zu informieren und Schritte zur Wiederherstellung der eigenen Identität einzuleiten.

6.3.2 Einkommensfälschung

Bei der Einkommensfälschung reichen potenzielle Kunden auf Anfrage oft absichtlich und unrechtmäßig gefälschte Gehaltsnachweise oder Steuerunterlagen ein. Damit wollen sie ihre Einkommens- sprich: ihre finanzielle Situation auffrisieren und täuschen eine höhere Kreditwürdigkeit vor mit dem Ziel, finanzielle Vorteile zu erlangen oder bestimmte Anforderungen zu erfüllen. Diese Form des Betrugs kann in verschiedenen Kontexten auftreten, insbesondere bei finanziellen Transaktionen, Kreditanträgen, Versicherungsansprüchen und staatlichen Unterstützungsprogrammen.

Rechtlich hat dieses Verhalten – auch wenn viele sich dessen nicht bewusst sind – natürlich Konsequenzen: Einkommensfälschung ist illegal und kann, wenn Personen dabei mit Hilfe der von ihnen gefälschten Dokumente überführt werden, mit Geld- und Haftstrafen und der Rückzahlung unrechtmäßig erhaltener Leistungen geahndet werden. Schließlich kann diese Art unberechtigter Angaben erhebliche wirtschaftliche Auswirkungen haben, nicht nur auf die Einzelperson, die den Betrug begeht, sondern auch auf die betroffenen Organisationen oder Institutionen. Sie können finanzielle Verluste erleiden und das Vertrauen in ihre Überprüfungsprozesse beeinträchtigt sehen.

Auch wenn Organisationen und Behörden fortschrittliche Überprüfungsverfahren und Technologien einsetzen, um Einkommensangaben zu überprüfen und betrügerische Praktiken zu erkennen, ist diese Art von Betrug in manchen Fällen schwer zu durchschauen. Daher sollte sich jeder an die Einhaltung ethischer und rechtlicher Standards halten, denn Einkommensfälschung ist kein Kavaliersdelikt.

6.3.3 Manipulation von Kreditberichten

Oftmals versuchten Betrüger auch, ihre Kreditgeschichte durch falsche Angaben zu beschönigen. Etwa, indem sie positive Informationen hinzufügen oder negative entfernen. Dies kann durch gefälschte Dokumente oder andere illegale Methoden erfolgen. Die Manipulation von Kreditberichten ist eine Form des Betrugs, bei der absichtlich falsche oder irreführende Informationen in einen Kreditbericht eingefügt oder existierende Informationen gefälscht oder verzerrt werden. Sie zielt darauf ab, günstigere Kreditkonditionen oder andere finanzielle Vorteile zu ergattern.

Wie funktioniert die Manipulation von Kreditberichten?
1. Die Manipulation von Kreditberichten kann auf verschiedene Arten erfolgen: Durch
   - falsche Identitäten oder Kreditprofile.
   - das Entfernen negativer Informationen aus dem Kreditbericht wie verspätete Zahlungen oder Inkassoverfahren.
   - falsche, vor allem überhöhte Einkommensdaten, um die Fähigkeit zur Rückzahlung von Krediten zu verbessern.
   - die Fälschung von Kreditanfragen: Betrüger können gefälschte Kreditanfragen in ihren Berichten erstellen, um zu suggerieren, dass sie von verschiedenen Kreditgebern angefragt werden, was normalerweise auf ein höheres Kreditrisiko hinweist.
2. Sie zielt darauf ab:
   - von besseren Kreditkonditionen zu profitieren. Eine verbesserte Kreditwürdigkeit kann zu niedrigeren Zinssätzen und günstigeren Kreditbedingungen führen. Auch Kauf auf Rechnung kann dadurch möglich werden.
   - höhere Kreditlimits auszuhandeln, da ein verbessertes Kreditprofil die Chancen auf höhere Kreditlimits erhöhen kann.
   - leichter Zugang zu mehr Krediten zu erhalten.
3. Konsequenzen und Strafen. Die Manipulation von Kreditberichten ist illegal und hat ernsthafte rechtliche Konsequenzen. Wird jemand dabei erwischt, dass er seinen Kreditbericht manipuliert hat, kann er mit Geldstrafen und Haftstrafen konfrontiert werden. Darüber hinaus kann die betroffene Person gezwungen sein, die unrechtmäßig erlangten finanziellen Vorteile zurückzuzahlen.

Unternehmen schützen sich vor der Manipulation von Kreditberichten, indem sie Kreditberichte regelmäßig überwachen, um verdächtige Aktivitäten oder ungewöhnliche Einträge zu erkennen.
Sie stellen sicher, dass alle Informationen in Kreditberichten wahrheitsgemäß und korrekt sind. Für Sie als Privatperson gilt an der Stelle,

dass andere Ihre Dokumente nicht entwenden und unrechtmäßig nutzen können, dass Sie wichtige Unterlagen wie Gehaltsabrechnungen und Kreditkartenabrechnungen sicher aufbewahren, um Betrügereien zu verhindern. Fallen Ihnen – persönlich oder innerhalb des Unternehmens – Unregelmäßigkeiten auf, etwa, wenn Sie verdächtige Aktivitäten in Ihrem Kreditbericht feststellen, sollten Sie diese umgehend bei der zuständigen Kreditbehörde oder den Strafverfolgungsbehörden melden.

Die Aufrechterhaltung der Integrität Ihres Kreditberichts ist von entscheidender Bedeutung, da er bei vielen finanziellen Entscheidungen eine wichtige Rolle spielt.

6.3.4 Kreditkartenbetrug

Eine sehr beliebte Methode der Betrüger ist Kreditkartenbetrug. Etwa, indem sie bei Kreditkartenanträgen gefälschte oder gestohlene Kreditkartendaten verwenden, um Kreditkartenkonten zu eröffnen und damit betrügerische Transaktionen durchzuführen oder sich finanzielle Vorteile zu verschaffen. Kreditkartenbetrug kann auf verschiedene Arten auftreten und betrifft Kreditkarteninhaber, Finanzinstitute und Händler gleichermaßen. Gängig sind die nachfolgend dargestellten fünf Arten von Kreditkartenbetrug:

Fünf Arten von Kreditkartenbetrug
1. **Kartenklau:** Bei dieser Methode wird physisch die Kreditkarte eines Opfers gestohlen und ohne Genehmigung für Einkäufe oder Geldabhebungen verwendet.
2. **Kartenverlust:** Wenn eine Kreditkarte verloren geht, kann sie von jemand anderem gefunden und missbräuchlich verwendet werden.
3. **Kartendiebstahl:** Die Diebe stehlen Kreditkartendaten, indem sie unbefugt auf Magnetstreifen oder EMV-Chips zugreifen, zum Beispiel durch das Skimming am Geldautomaten[2] oder den Einsatz von Schadsoftware in Point-of-Sale-Systemen, etwa in Webseiten. Außerdem ist bei vielen Kreditkarten bis zu einem gewissen Betrag keine Autorisierung notwendig.

---

[2] Skimming wird das illegale Auslesen von Kredit- und Girokarten genannt, das an Bankautomaten oder Geldauszahlungsterminals geschehen kann. Dabei wird der Magnetstreifen der Karten unerlaubt ausgelesen.

4. **Online-Betrug:** Betrüger verwenden gestohlene Kreditkartendaten, um online einzukaufen oder Zahlungen zu tätigen, ohne physischen Zugriff auf die Karte zu haben.
5. **Identitätsdiebstahl:** In einigen Fällen verwenden Kreditkartenbetrüger auch andere persönliche Informationen des Karteninhabers, sodass um ein umfassendes Identitätsdiebstahlszenario entsteht.

Die Ziele von Kreditkartenbetrügern sind unterschiedlich. Ein Grund ist, finanzielle Vorteile zu erlangen, indem die Betrüger mit der gestohlenen Kreditkarte Waren oder Dienstleistungen erwerben, die sie später verkaufen, oder mit ihr Geld abheben. Auch Identitätsdiebstahl ist denkbar, mit Hilfe dessen die betrügerische Person versucht, neue Konten zu eröffnen oder sich gar als der oder die Bestohlene ausgibt. Das wird oftmals auch als Online-Betrug bezeichnet, wenn Betrüger durch den Einsatz gestohlener Kreditkartendaten im Internet auf Shopping-Tour gehen oder in Online-Diensten betrügerische Transaktionen durchführen.

Um diese Form von Fraud zu erkennen und dem vorzubeugen, sollten Sie folgende Sicherheitsmaßnahmen berücksichtigen

- **Überwachung:** Kreditkarteninhaber sollten ihre Kreditkartenabrechnungen regelmäßig überprüfen, um verdächtige oder nicht autorisierte Transaktionen aufzuspüren.
- **Verlust oder Diebstahl melden:** Bei Verlust oder Diebstahl der Kreditkarte sollten Karteninhaber dies sofort bei ihrer Bank oder dem Kreditkartenunternehmen melden, um die Karte zu sperren.
- **PIN und Passwörter:** Die Verwendung sicherer PINs und Passwörter für Kreditkarten und Online-Zahlungen ist ein wichtiger Punkt. Wer so handelt, macht es Tätern schwerer, ihre betrügerischen Machenschaften auszuüben.
- **Anti-Betrugs-Software:** Banken und Finanzinstitute setzen fortschrittliche Algorithmen und Software zur Erkennung verdächtiger Transaktionen ein.

6.3.5 Synthetischer Betrug

Bei synthetischem Betrug nutzen Fälscher künstlich geschaffene Identitäten. Dazu kombinieren sie legitime und gefälschte Informationen – also echte Daten wie Sozialversicherungsnummer, Geburtsdatum oder Name einer realen Person mit gefälschten oder gestohlenen Daten. Um die Scheinperson möglichst echt wirken zu lassen, bauen Diebe synthetische Identitäten oft über einen längeren Zeitraum auf, sodass sie von Behörden und Überwachungssystemen nicht leicht als solche zu erkennen sind.

Diese raffinierte Form von Fraud nutzen Betrüger, …

- um Kredite, Kreditkarten oder andere Finanzprodukte zu beantragen. Mit der Absicht, die Kredite nicht zurückzuzahlen.
- um sich unter dieser vorgegaukelten Identität beispielsweise Kreditkartendaten oder staatliche Leistungen zu erschleichen.
- um Geldwäscheaktivitäten zu verschleiern, indem sie Gelder von Scheinidentitäten in den Zahlungsverkehr geben.

Bei der Bekämpfung und bei der Prävention helfen fortschrittliche Überwachungssysteme und Technologien zur Erkennung von synthetischem Betrug, um verdächtige Aktivitäten zu identifizieren. Ebenso strengere Identitätsprüfungen: Unternehmen und Institutionen sollten ihre Identitätsprüfungsverfahren verschärfen, um synthetische Identitäten zu erkennen, die wirklich täuschend echt erscheinen. Außerdem kann ein verstärkter Austausch von Informationen zwischen Unternehmen und Behörden dazu beitragen, synthetischen Betrug zu bekämpfen.

> Synthetischer Betrug ist eine komplexe und schwer fassbare Betrugsform, die aufgrund ihrer raffinierten Art eine Herausforderung für Behörden, Unternehmen und Verbraucher darstellt. Effektive Präventions- und Überwachungsmaßnahmen sind entscheidend, um diesem Betrugstyp entgegenzuwirken.

6.3.6 Ghosting

Beim Ghosting geben Kreditantragsteller falsche persönliche Informationen an, um ihre Identität zu verschleiern. Dies kann zum Beispiel die Verwendung von Adressen oder Telefonnummern Dritter sein.

> **Ghosting**
> Wie der Name schon sagt, ist Ghosting eine Art nicht zu erkennende Geisthandlung, da bei der Betrugstaktik mit falschen Identitäten oder gefälschten Informationen versucht wird, unauffällig in bestehende Systeme oder Prozesse zu gelangen. Die Methode zielt darauf ab, sich als eine legitime Person oder Entität auszugeben, um Zugang zu Informationen oder Dienstleistungen zu erhalten oder kriminelle Aktivitäten zu verschleiern.

Meist bedienen sich die Täuscher der Daten von Personen, die bereits in einem System oder einer Gemeinschaft etabliert sind, um sich nahtlos in die bestehende Umgebung einzufügen mit dem Ziel, auf vertrauliche Informationen zuzugreifen oder um sich Dienstleistungen oder Vergünstigungen zu erschleichen. Oder sie nutzen den Deckmantel der Namen und Daten anderer, um Spuren von kriminellen Aktivitäten zu verschleiern, sodass betrügerische Transaktionen oder Handlungen auf die Identität einer unschuldigen Person zurückgeführt werden.

Auch hier ist es schwierig, diese Form von Fraud zu erkennen, da die Betrüger bestehende Identitäten oder Profile nutzen, die nicht als verdächtig erscheinen. Unternehmen und Behörden müssen daher sorgfältige Überprüfungs- und Sicherheitsverfahren entwickeln, um diese Taktik zu erkennen und zu verhindern.

Prävention und Bekämpfung
- Um Ghosting zu verhindern, sind verbesserte Identitätsprüfungen und Überwachungssysteme erforderlich, die ungewöhnliche Aktivitäten oder Anomalien identifizieren können.
- Die Zusammenarbeit zwischen Unternehmen, Behörden und anderen Organisationen ist entscheidend, um die Identifizierung von Ghosting-Fällen zu erleichtern.

> Ghosting ist eine raffinierte Betrugstaktik, die auf die Täuschung von Systemen und Menschen abzielt, indem sie die Identitäten anderer nutzt. Die Bekämpfung von Ghosting erfordert fortgeschrittene Sicherheits- und Überwachungsmaßnahmen, um diese Art von Betrug zu erkennen und zu verhindern.

6.3.7 Sozialingenieurwesen

Hinter dem eher harmlosen Begriff des Sozialingenieurwesens steckt eine raffinierte Methode des Betrugs. Betrüger versuchen, an Informationen oder Ressourcen von Menschen oder Organisationen zu gelangen, indem sie soziale Techniken und Manipulationstricks anwenden. Anders als bei traditionellen Formen des Betrugs, die auf technischen Fehlern oder Sicherheitslücken beruhen, konzentriert sich das Sozialingenieurwesen auf die Täuschung von Privatpersonen, Mitarbeitern von Finanzinstituten oder Bonitätsprüfungsagenturen, damit sie vertrauliche Informationen preisgeben. Dies kann durch gefälschte Anrufe und E-Mails erfolgen oder durch das Überlisten, Einschüchtern und Überreden, um sensible Daten oder ihnen Zugang zu bestimmten Orten oder Systemen zu erlangen.

Die Methoden der Sozialingenieure
1. **Phishing** versucht mit gefälschten E-Mails oder Nachrichten, die vorgeben, von vertrauenswürdigen Quellen zu stammen, den Empfänger zu veranlassen, vertrauliche Informationen preiszugeben (mehr dazu siehe Abschn. 6.3.11).
2. **Pretexting** arbeitet mit Geschichten oder Vorwänden, mit deren Hilfe sich Sozialingenieure als eine andere Person oder Organisation ausgeben, um Informationen abzugreifen.
3. **Baiting** beinhaltet das Anbieten eines Köders etwas eines USB-Sticks, auf dem sich schädliche Software befindet. Mit dem Ziel, eine Person dazu zu bringen, sie in ihren Computer einzuführen.
4. **Tailgating** bedeutet, wie der Begriff aus dem Englischen übersetzt ausdrückt, dass sich der Betrüger an die Fährte eines anderen hängt, um physischen Zugang zu einem gesicherten Bereich zu erhalten. Das macht er, indem er sich hinter einer autorisierten Person einschleicht.

Die Ziele des Sozialingenieurwesens können vielfältig sein. Dazu gehören das Sammeln von vertraulichen Informationen, der Zugriff auf geschützte Systeme, der Diebstahl von Geld oder Vermögenswerten und die Durchführung von kriminellen Aktivitäten unter einer falschen Identität. Auch hier ist es wieder sehr schwierig, die Täter zu erkennen, da sie psychologische Methoden und Manipulation nutzen und sie nicht auf technische Schwachstellen fokussieren. Was hilft, sind Schulungen und Bewusstseinsbildung, damit Menschen und Organisationen solche Betrugsversuche erkennen und vermeiden lernen. Auch Sicherheitsprotokolle helfen Organisationen, sodass sensible Informationen nicht leicht zugänglich sind und nur autorisierte Personen Zugriff darauf erhalten.

Sozialingenieurwesen ist eine subtile, aber gefährliche Form des Betrugs, das auf Täuschung und Manipulation von Menschen beruht. Die effektive Bekämpfung des Sozialingenieurwesens erfordert Schulung, Bewusstseinsbildung und angemessene Sicherheitsmaßnahmen.

6.3.8 Kollusion im Zusammenhang mit der Bonitätsprüfung

Kollusion (aus dem Lateinischen „colusio" „geheimes Einverständnis") bezieht sich auf eine Form des Betrugs, bei dem Kreditnehmer, Kreditgeber oder Dritte heimlich zusammenarbeiten, um die Ergebnisse der Bonitätsprüfung zu manipulieren oder zu verfälschen, mit dem Hintergedanken, Kredite zu erhalten, für die die Kreditnehmer ansonsten nicht berechtigt wären, oder um bessere Kreditkonditionen herauszuholen.

Das geschieht dadurch, dass Kreditnehmer und Kreditgeber kooperieren, um falsche Informationen oder gefälschte Dokumente in den Kreditantrag aufzunehmen, etwa ein höheres Einkommen oder falsche Beschäftigungsdetails, um die Kreditwürdigkeit des Kreditnehmers künstlich zu erhöhen und so den Zugang zu Krediten zu erleichtern oder bessere Kreditkonditionen zu erhalten. Es gibt auch Fälle, in denen Dritte wie Schuldberater oder Kreditreparaturdienste in die Kollusion einbezogen werden. Diese Dritten können versuchen, die Bonitätsprüfung durch das Einreichen gefälschter Unterlagen oder durch Drängen auf nicht autorisierte Änderungen in den Kreditberichten zu beeinflussen, um mehr Kreditmittel zu erhalten, als sie sich tatsächlich leisten können, was das Risiko für den oder die Kreditgeber erhöht.

Konsequenzen und Strafen
Kollusion in der Bonitätsprüfung ist illegal und kann zu rechtlichen Konsequenzen führen, einschließlich Geldstrafen, Haftstrafen und der Verpflichtung, unrechtmäßig erhaltene Kredite zurückzuzahlen. Darüber hinaus kann die Kollusion die Kreditwürdigkeit des Kreditnehmers dauerhaft schädigen, da sie zu negativen Einträgen in den Kreditberichten führen kann.

Prävention und Bekämpfung
Kreditgeber, Unternehmen und Organisationen setzen fortschrittliche Überprüfungstechnologien (siehe Abschn. 6.4) ein, um gefälschte oder ungenaue Angaben zu erkennen und zu verhindern. Es ist wichtig, dass Kreditnehmer und Dritte sich an die Gesetze und Vorschriften in Bezug auf Kreditanträge halten und keine gefälschten Informationen einreichen.

> Kollusion in der Bonitätsprüfung untergräbt die Integrität des Kreditwesens und hat weitreichende Konsequenzen für die beteiligten Parteien. Die Einhaltung von Gesetzen und Vorschriften sowie die korrekte Offenlegung von Informationen sind entscheidend, um Kollusion zu verhindern und die Integrität des Kreditsystems zu wahren.

6.3.9 Mobile Betrugsfälle

Mit dem Anstieg mobiler Geräte und Anwendungen können Betrüger gefälschte Identitäten über mobile Geräte erstellen und Online-Anträge einreichen. Das wirkt sich auf verschiede Arten von Betrugsfällen auf, einige davon sind hier auch schon beschrieben.

Diese Arten mobiler Betrugsfälle gibt es
1. **Phishing** habe ich oben in Abschn. 6.3.7 bereits erwähnt. Es ist eine sehr beliebte Methode von Netz-Betrügern: Sie senden gefälschte Nachrichten oder E-Mails wie „Hier ist dein Sohn, ich habe eine neue Handynummer" an Mobiltelefone oder bitten Sie in der Verkleidung

Ihres vermeintlichen Finanzinstituts per E-Mail um vertrauliche Zugangsdaten wegen einer Überarbeitung des Systems etc. Diese Botschaften sollen Benutzer zur Preisgabe sensibler Informationen wie Passwörter oder Kreditkartendaten verleiten.
2. **Malware und Viren:** Schädliche Software – auch Malware genannt – kann auf mobile Geräte gelangen und vertrauliche Informationen stehlen, das Gerät ausspionieren oder es mit Hilfe von Viren funktionsunfähig machen.
3. **App-Betrug:** Einige Apps in den App-Stores können gefälscht sein und schädliche Absichten haben – beispielsweise das Sammeln von Daten ohne Zustimmung des Benutzers.
4. **Wangiri-Betrug**: Aus dem Japanischen übersetzt, heißt „Wangiri", es einmal klingeln zu lassen und dann aufzulegen. Das ist eine relativ neue Form von Fraud. Betroffene erhalten oftmals über den Tag verteilt Anrufe von ausländischen Telefonnummern und sollen von der angeborenen menschlichen Neugierde dazu verleitet werden, zurückzurufen. Rufen sie dann zurück, lässt die dahinter versteckte Premium-Tarifnummer die Kasse der Betrüger ordentlich klingeln. Das ist das Prinzip. Diese perfide Methode kommt rund um den Globus zum Einsatz.
5. **Skimming** ist das illegale Auslesen von Daten, beispielsweise an Bankterminals.

Mobile Betrugsfälle können finanziell motiviert sein wie das Stehlen von Geld oder von sensiblen Informationen. Die Machenschaften der Betrüger können aber auch darauf abzielen, schädliche Software auf Mobilgeräten zu verbreiten, um die Kontrolle über die Geräte zu erlangen oder diese für andere Zwecke zu missbrauchen, etwa, um Bezahldaten abzugreifen und mit dieser falschen Identität Geschäfte abzuwickeln und Ware zu bestellen.

Prävention und Schutz
- Um sich vor mobilen Betrugsfällen zu schützen, sollten Benutzer sicherstellen, dass ihre mobilen Geräte und Apps auf dem neuesten Stand sind, da Aktualisierungen oft Sicherheitslücken schließen. Das Herunterladen von Apps sollte nur aus vertrauenswürdigen Quellen erfolgen, wie den offiziellen App-Stores.

- Vorsicht ist geboten, wenn es um das Öffnen von verdächtigen Nachrichten, E-Mails oder Anhängen geht, um Phishing-Angriffe zu verhindern.
- Die Installation von Antiviren-Software auf mobilen Geräten kann zusätzlichen Schutz bieten.
- Verhaltensmuster und Sicherheitsbewusstsein spielen eine entscheidende Rolle, um Betrugsfälle zu verhindern. Benutzer sollten sich der potenziellen Risiken bewusst sein und vorsichtig im Umgang mit mobilen Geräten sein.
- Mobile Betrugsfälle sind eine ernsthafte Bedrohung für die Sicherheit und Privatsphäre von mobilen Geräten. Benutzer müssen proaktiv sein und bewusst sicherheitsrelevante Maßnahmen ergreifen, um sich vor diesen Betrugsfällen zu schützen.

6.3.10 Invoice Fraud

Invoice Fraud ist in der Fachsprache auch als Rechnungsbetrugsbetrug oder gefälschter Rechnungsbetrug bekannt. Es ist eine Form des Finanzbetrugs, bei dem Einzelpersonen oder Organisationen gefälschte Rechnungen ausstellen, um andere zu täuschen und Zahlungen für Waren oder Dienstleistungen zu erhalten, die nie geliefert oder falsch dargestellt wurden. Rechnungsbetrug kann verschiedene Formen annehmen, beinhaltet in der Regel die Manipulation oder Fälschung von Rechnungen zum finanziellen Gewinn. Hier ist eine Auflistung, welche Arten von Invoice Fraud es gibt:

Drei Arten von Invoice Fraud
1. **Gefälschte Rechnungen:** Betrüger erstellen vollständig gefälschte Rechnungen für Dienstleistungen oder Produkte, die nie geliefert wurden. Das Ziel ist, den Empfänger dazu zu bringen, eine Zahlung zu leisten.
2. **Manipulierte Rechnungen:** In diesem Fall werden legitime Rechnungen abgefangen und verändert, um Zahlungsdetails wie die Bankverbindung des Empfängers zu ändern und die Gelder auf das Konto des Betrügers umzuleiten. Sogar eine Telefonnummer kann angegeben sein, um im Fall von Rückfragen desjenigen, der die Rechnung bezahlt, gewappnet zu sein, falls dieser etwa wissen möchte, ob die „neue" Kontonummer des Empfängers korrekt sei.

3. **Überhöhte Rechnungen:** In dieser Situation wird eine authentische Rechnung verschickt, jedoch sind die Beträge überhöht und der Betrüger profitiert von der überhöhten Zahlung.

Beim Rechnungsbetrug möchten sich die Diebe finanziell bereichern, indem sie durch die Täuschung von Einzelpersonen oder Organisationen Geld oder Vermögenswerte stehlen. Mit dieser Methode ist es auch möglich, Gelder umzuleiten, zu unterschlagen oder illegal erworbene Gewinne durch scheinbar legale Geschäftstransaktionen zu waschen.

So schützen Sie sich vor Invoice Fraud
- Verifikation: Überprüfen Sie die Echtheit einer Rechnung, bevor Sie Zahlungen leisten, insbesondere bei großen Summen oder unbekannten Lieferanten.
- Abgleichen von Details: Bestätigen von Bankdaten und Zahlungsinformationen direkt beim Lieferanten oder Anbieter über einen vertrauenswürdigen Kontakt. Achtung: der Kontakt auf der gefälschten Rechnung muss nicht der der echten Firma sein. Hier empfiehlt sich, über Netzwerkpartner/einen Bekannten nachzufragen.
- Schulung der Mitarbeiter über die Risiken des Rechnungsbetrugs, die Bedeutung der genauen Prüfung von Rechnungen und ordnungsgemäßer Verfahren zur Überprüfung von Zahlungsanforderungen.
- Sichere Kommunikation und Vorsicht gerade beim Austausch sensibler Finanzinformationen ist in der E-Mail-Kommunikation unerlässlich, da Betrüger häufig E-Mails verwenden, um gefälschte Rechnungen zu verbreiten.
- Einrichten starker interner Kontrollen, um unbefugte Änderungen an Zahlungsdetails oder Genehmigungen zu verhindern.
- Cybersicherheitsmaßnahmen installieren, um die finanziellen Daten und die Kommunikation der Organisation vor möglichen Sicherheitsverletzungen zu schützen.

Zum Schutz vor Invoice Fraud setzen Bonitätsprüfungsdienstleister, Unternehmen und Finanzinstitute fortschrittliche Technologien wie künstliche Intelligenz und maschinelles Lernen ein. Gleichzeitig ist es entscheidend, wachsam zu bleiben und die Maßnahmen zum Erkennen und Verhindern dieser Art von Fraud immer wieder anzupassen. Durch das Implementieren strenger Überprüfungsverfahren und die Schulung der Mitarbeiter lässt sich das Risiko, Opfer von Rechnungsbetrug zu werden, deutlich minimieren. Unternehmen vermeiden unbezahlte Rechnungen auf dem Debitor. Das wiederum hat Auswirkungen auf die finanzielle Lage, auf die Kundenbeziehungen und weitere Bestellungen.

6.3.11 Phishing-Mails

Die Bedrohung durch Phishing-Mails ist in der heutigen digitalen Welt allgegenwärtig und wohl die am weitesten verbreitete Betrugsmethode, daher möchte ich auf die Methode hier nochmal detailliert eingehen.

Die betrügerischen E-Mails zielen darauf ab, sensible Informationen wie Benutzernamen, Passwörter und persönliche Daten von ahnungslosen Internetnutzern abzugreifen. Dazu leiten sie sie beispielsweise auf gefälschte Websites weiter oder laden sie ein, schädliche Anhänge zu öffnen. Diese Betrugstechnik kann sowohl für Einzelpersonen als auch für Unternehmen erhebliche Sicherheitsrisiken darstellen.

Daran lassen sich Phishing-Mails oft erkennen
- **Unpersönliche Anrede:** Phishing-Mails neigen dazu, allgemeine Anreden wie „Sehr geehrter Kunde" zu verwenden, anstatt spezifische Informationen wie den Namen des Adressaten, der Adressatin. Allerdings nimmt die Qualität der Mails immer mehr zu. Hier kann KI leider im negativen Sinne zunehmend unterstützen.
- **Verdächtige E-Mail-Adressen:** Phisher verwenden oft leicht abgewandelte oder gefälschte Adressen, die auf den ersten Blick echt aussehen.
- **Dringender Handlungsbedarf:** Phishing-Mails enthalten oft Aufforderungen, sofort zu handeln, um Druck auf den Empfänger auszuüben. Dies kann das Öffnen von Links oder das Herunterladen von Anhängen beinhalten.

- **Schlechte Grammatik und Rechtschreibfehler** entlarven bei genauer Betrachtung Pishing, während seriöse Organisationen großen Wert auf professionelle Kommunikation und damit auch auf korrekte Schreibweise legen.
- **Unerwartete Anhänge oder Links**, die dem Empfänger zugesandt werden.

Schutz vor Phishing-Mails bieten
- Schulung und Sensibilisierung der Mitarbeiter zu Phishing, um das Bewusstsein für diese Bedrohung zu schärfen. Das gilt auch für jeden selbst.
- Aktuelle Software und Sicherheitslösungen, indem Antiviren- und Antimalware-Programme auf dem neuesten Stand gehalten und Firewalls verwendet werden, um den Zugriff auf bösartige Websites zu blockieren. In den meisten Fällen ist die IT-Abteilung hier ein sehr guter Ansprechpartner.
- Zwei-Faktor-Authentifizierung (2FA). Sie bietet eine zusätzliche Sicherheitsebene, selbst wenn Anmeldeinformationen gefährdet sind.
- Überprüfung von E-Mail-Adressen durch eine direkte Überprüfung per Mail im Zweifelsfall oder durch direkte Kontaktaufnahme mit dem Absender. Das ist nicht immer der in der E-Mail angegebene Ansprechpartner. Schließlich kann auch dieser fake sein. Daher ist es gut, mit Fangfragen abzuklären, ob es sich um eine rechtmäßige Person dieser Firma handelt, die Sie unter dem Absender erwarten würden.
- Kritischer Umgang mit E-Mails. Gerade bei E-Mails mit dringendem Handlungsbedarf gilt es, Vorsicht walten zu lassen und Anfragen sorgfältig zu prüfen, bevor man antwortet.

6.3.12 „Juice Jacking" – eine neue Form von Fraud

Cyberangriffe nehmen immer wieder neue, raffinierte Formen an. Eine besonders hinterhältige Variante ist das sogenannte „Juice Jacking". Im Gegensatz zu gängigen Angriffsmethoden, die über Phishing-Mails und Software abgewickelt werden, setzt Juice Jacking auf eine subtilere, hardwareorientierte Strategie. Sie konzentriert sich auf die Ladestationen selbst und greift via USB vom Smartphone oder Tablet Daten ab oder spielt Malware auf.

Wie funktioniert „Juice Jacking"?

Juice Jacking ist ein Hardware-orientierter Angriff, der darauf abzielt, manipulierte Ladestationen zu verwenden. Die Ladestation wird dabei so modifiziert, dass sie nicht nur die Batterie auflädt, sondern auch im Hintergrund sensible Daten überträgt. Das FBI 2023 hat vor dieser speziellen Art des Angriffs gewarnt (Schirrmacher 2023, o.Verf./dpa 2024), da die übertragenen Daten von Betrügern für Identitätsdiebstahl, den Verkauf auf dem Schwarzmarkt oder sogar Erpressung genutzt werden können. Dazu fingieren sie beispielsweise öffentliche Ladestationen an Flughäfen oder in Restaurants.

Mit folgenden Maßnahmen lässt sich dieser Art von Daten-Klau vorbeugen

1. Eigene Ladegeräte und Powerbanks. Als Reaktion auf diese Bedrohung empfiehlt das FBI, eigene Ladegeräte mit sich zu führen. Eine praktische Alternative sind Powerbanks, sprich: externe Zusatzakkus. Sie können nicht nur Mobiltelefone aufladen, sondern sind oft auch mit Wireless-Charging und mehreren Anschlüssen für verschiedene Geräte ausgestattet. Selbst ein herkömmliches Ladegerät mit USB-Kabel kann Schutz bieten, da es eine direkte USB-Verbindung mit dem manipulierten Gerät verhindert.
2. Smartphone-Einstellungen für mehr Sicherheit. Sowohl Android als auch iOS bieten Funktionen zur Erhöhung der Sicherheit beim Verwenden öffentlicher Ladestationen. Bei Android erscheint ein Menü mit der Option „Nur zum Aufladen des Geräts". Diese sollte sorgfältig ausgewählt werden. Auf iOS-Geräten wird noch genauer nachgefragt, ob dem angeschlossenen Gerät vertraut werden soll. Die Verneinung dieser Anfrage verhindert die Datenübertragung.
3. USB-Kondome als zusätzliche Schutzmaßnahmen. Diese kleinen Geräte lassen sich auf das Ladekabel aufstecken und verhindern, dass mehr als Strom übertragen wird. Das stellt eine effektive Barriere gegen mögliche Datenübertragung dar.

6.4 Tech-Lösungen – wie KI, Biometric und Blockchain helfen

Um Fraud wirkungsvoll zu bekämpfen und dem vorzubeugen, sind sowohl im B2B- wie im B2C-Geschäft innovative Lösungen und fortschrittliche Technologien von entscheidender Bedeutung. Künstliche Intelligenz kann betrügerische Muster in großen Datensätzen erkennen, während biometrische Identifikation im B2C-Bereich die Authentifizierung stärkt. Die Blockchain-Technologie ermöglicht es, in B2B-Transaktionen die Integrität von Daten sicherzustellen. Und eine Kombination aus diesen Technologien kann dazu beitragen, Betrug im B2B- wie im B2C-Bereich effektiv zu bekämpfen. Das ist auch in Bezug auf die Herausforderungen der Bonitätsprüfung und dem Schutz vor Betrug sehr wichtig.

Die Anwendung von künstlicher Intelligenz (KI) erweist sich als entscheidender Fortschritt, um betrügerische Muster in umfangreichen Datensätzen zu identifizieren. Durch den Einsatz von fortschrittlichen Algorithmen kann KI nicht nur bekannte Betrugsmuster erkennen, sondern auch bisher unbekannte Anomalien aufdecken, die auf betrügerische Aktivitäten hindeuten könnten. Etwa auch, dass die Eingabe der Personendaten für ein menschliches Wesen viel zu schnell erfolgte und sich vermutlich am anderen Ende der Internetleitung ein künstliches Wesen verbirgt, das hier eine Bestellung auslösen möchte. Meist nutzt dieser Bot dazu eine falsche Identität oder eine Lücke in der Unternehmenssicherheit.

Im B2C-Bereich spielt die biometrische Identifikation eine zentrale Rolle in der Authentifizierung von Einzelpersonen. Die Verwendung von biometrischen Merkmalen wie Fingerabdrücken, Gesichts- oder Iriserkennung bietet ein Höchstmaß an Sicherheit, da diese Merkmale einzigartig und schwer zu fälschen sind. Dies erhöht nicht nur die Genauigkeit der Bonitätsprüfung, sondern schützt auch vor Identitätsdiebstahl und anderen betrügerischen Aktivitäten im B2C-Kontext.

Im B2B-Bereich kommt, um die Integrität von Transaktionsdaten sicherzustellen, die Blockchain-Technologie als entscheidendes Instrumentarium zum Einsatz. Durch die dezentrale Natur der Blockchain werden Daten in Blöcken gespeichert, die miteinander verknüpft und kryptografisch gesichert sind. Dies gewährleistet, dass einmal erfasste

Informationen nicht mehr verändert werden können und reduziert das Risiko von Datenmanipulationen oder Fälschungen erheblich. Die Transparenz und Unveränderlichkeit der Blockchain schaffen somit ein vertrauenswürdiges Umfeld für B2B-Transaktionen.

Die Synergie dieser Technologien – künstliche Intelligenz zur Mustererkennung, biometrische Identifikation im B2C-Kontext und Blockchain-Technologie im B2B-Bereich – bildet eine umfassende und wirkungsvolle Verteidigungslinie gegen Betrugsversuche in beiden Geschäftsfeldern. Die Zusammenführung dieser fortschrittlichen Ansätze ermöglicht eine robuste Bonitätsprüfung, die nicht nur präzise und zuverlässig ist, sondern auch einen proaktiven Schutz vor den raffinierten Taktiken moderner Betrüger bietet. Sie reichen von einfachen Täuschungen bis hin zu komplexen, organisierten Betrugsmustern.

Schutzmaßnahmen zu ignorieren, kostet im harmlosesten Fall – falls man davon überhaupt sprechen kann – nur Geld. Doch oftmals in größerer Menge, gleichzeitig kann die eigene Reputation sehr in Mitleidenschaft gezogen werden.

> **Immer auf der Hut sein!**
> Häufig beginnen Unternehmen erst zu handeln, wenn sie feststellen, dass ihnen Umsätze verloren gehen, sie aber nicht wissen, wo das Leck ist. An der Stelle beginnt innerhalb und am Anfang einer Bonitätsprüfung die Detektivarbeit. Es gilt, den Grund dafür zu ermitteln, um ihn dauerhaft zu beheben. Da die Diebe jedoch sehr fintenreich und kreativ sind, sind sie dem Markt meist ein, zwei Schritte voraus. Daher ist es enorm wichtig, neueste Sicherheitsmaßnahmen installiert zu haben und zu nutzen und mit einem permanenten Monitoring und Anpassungsprozessen Schwachstellen zu lokalisieren und zu schließen. Diese proaktive Herangehensweise stärkt die Fähigkeit von Unternehmen, Betrug effektiv zu bekämpfen, noch bevor er Schaden anrichten kann.

Zusammenfassung: Fraud

- Um sich vor Fraud zu schützen, ist es wichtig, um internen wie externen Fraud zu wissen. Bei der Bonitätsprüfung steht vor allem der externe Fraud im Vordergrund.

- Wie ausgebufft die Betrüger sind, zeigt sich an ihren Methoden, sie reichen von Identitätsdiebstahl über das Erstellen einer künstlichen Scheinidentität bis hin zu Kreditkartenbetrug oder Invoice Fraud, bei dem Rechnungsbeträge an falsche Bankverbindungen umgeleitet werden, oftmals auf der Grundlage von Identitätsklau.
- Und immer sind die Diebe einen Schritt voraus: Heute ist es „Juice Jacking", mit Hilfe dessen sie Daten abgreifen, morgen nutzen sie KI, um beispielsweise unter einer Scheinidentität Bestellungen auszulösen.
- Technologische Errungenschaften wie KI, Biometric und Blockchain können helfen, Fälschern einen Riegel vorzuschieben. Gleichzeitig ist es unumgänglich, sensibel mit Daten umzugehen, Mitarbeiter zu schulen und Prozesse und damit auch die Bonitätsprüfung permanent zu monitoren und wie ein Detektiv zu prüfen: Wo sind Schwachstellen? Wo schleusen sich möglicherweise Diebe ein?
- Auf der Hut zu sein, ist die Mutter der Porzellankiste, das heißt, es hilft sehr, bewusst diesen wirklich immer raffinierteren Machenschaften auf die Schliche zu kommen und ihnen Einhalt zu gebieten – bevor Umsatz verloren geht und nicht erst danach.

Literatur

Schirrmacher, D. 2023. „Juice Jacking: FBI warnt ohne Anlass vor öffentlichen USB-Ladestationen", Heise online vom 17.04.23, https://www.heise.de/news/FBI-warnt-vor-Juice-Jacking-Attacken-an-oeffentlichen-USB-Ladestationen-8966067.html (abgerufen April 2024).

o.V. 2024. *Wenn der Handyladestopp zur Datenfalle wird*, dpa/Freie Presse vom 09.04.2024, https://www.freiepresse.de/kultur-wissen/multimedia/juice-jacking-wenn-der-handy-ladestopp-zur-datenfalle-wird-artikel13323251 (abgerufen April 2024).

7

What's next?

Was bringt uns die Zukunft und was ist gerade in Sachen neuer Technologien für die Bonitätsprüfung zu erwarten? Ich kann Ihnen sagen, eine ganze Menge, aber lesen Sie selbst:

> **In diesem Kapitel erfahren Sie**
> - Kann künstliche Intelligenz (KI) bei Fraud wirklich helfen?
> - Was genau KI in der Bonitätsprüfung bewirkt.
> - Ist KI Fluch oder Segen?
> - Wird die Bonitätsprüfung auch in Zukunft bestehen oder machen neue Zahlungsmöglichkeiten sie obsolet?

Noch vor ein paar Jahren war die Situation recht simpel und einseitig: Das Risiko, sein Geld beim Verkauf von Ware auch wirklich zu erhalten, lag allein beim Händler (Verkäufer). Um Transaktionen abzusichern, überprüfte dieser mit Hilfe von Bonitätsprüfung, Ratings, Scores und bekannten Daten die Bonität des Kunden. Fiel die Bewertung positiv aus, konnte die Transaktion auf Rechnung abgeschlossen werden. Doch durch den internationalen digitalen Zahlungsverkehr haben sich die Risiken nun auf Händler und Endkunden gleichermaßen verteilt. Aus diesem Grund wirft der Online-Handel auch beim Endkunden Fragen auf wie etwa:

- Wann, wo und in welchem Zustand wird die Bestellung eintreffen bzw. abgelegt werden?
- Erhalte ich ein hochwertiges Produkt, so wie ich es mir vorstelle, oder werde ich enttäuscht bzw. gar mit einem Plagiat abgespeist?
- Werden Retouren korrekt bearbeitet und erhalte ich mein Geld (bei Vorauszahlungen) schnell zurück?

Aufgrund dieser neuen Unsicherheiten ist der Kauf auf Rechnung eine bevorzugte Zahlungsoption. Endkunden glauben, dadurch einen Trumpf in der Hand zu haben. Allerdings ist Fraud ein immer stärker um sich greifendes Risiko im globalen eCommerce und wird auch in Zukunft eine wachsende Bedrohung für Händler und Käufer gleichermaßen sein. Um den Rechnungskauf weiterhin zu ermöglichen, gilt es, permanent nach neuen Lösungen Ausschau zu halten. Zeit und Schnelligkeit spielen bei diesem Wettlauf gegen die digitale Kriminalität eine wichtige Rolle.

Doch basiert die Beurteilung von Kreditrisiken bislang hauptsächlich auf statistischen Modellen und historischen Daten, die oft nur eine eingeschränkte Perspektive auf die finanzielle Lage der Kreditnehmer bzw. User und Konsumenten bieten.

7.1 KI – ein zeitgemäßer Adjutant beim Kampf gegen Fraud

Die rasante Entwicklung der Computertechnologie eröffnet nun erstmals die Möglichkeit, die herkömmlichen Methoden der Kreditrisikoanalyse und -bewertung grundlegend zu transformieren. Insbesondere im Bereich der künstlichen Intelligenz (KI) gibt es bahnbrechende neue Ansätze, mit Hilfe derer sich Bonitätsprüfungen sowie Kreditvergleichen erheblich präziser und effizienter ausführen lassen. Denn KI-Algorithmen schaffen es, umfassendere Datenmengen in Echtzeit zu analysieren. Das ermöglicht tiefere Einblicke in die finanzielle Stabilität und Verlässlichkeit der Kreditnehmer.

Künstliche Intelligenz eröffnet nicht nur die Perspektive, fundiertere Kreditentscheidungen zu treffen, sondern beschleunigt und vereinfacht auch den Antragsprozess für Kreditnehmer. Egal, ob Online und Offline.

> **KI: Fester Bestandteil der Bonitätsprüfung**
>
> Die künstliche Intelligenz ist gekommen, um zu bleiben, auch in der Bonitätsprüfung, da sie große Datenmengen schnell und effizient auswerten und verarbeiten kann.

7.2 Wie kann KI die herkömmlichen Ansätze ergänzen?

Künstliche Intelligenz mit Prüfvorgängen wie der Bonitätsprüfung bei Kreditvergaben oder Kreditvergleichen zu verknüpfen, markiert einen regelrechten Quantensprung im Finanzsektor.

Die Algorithmen, auf denen künstliche Intelligenz basiert, haben die Fähigkeit, aus Daten zu lernen, Muster zu erkennen und nach gründlicher Analyse Entscheidungen zu treffen. Im Hinblick auf eine Bonitätsprüfung ermöglicht der Einsatz künstlicher Intelligenz eine deutlich effizientere Analyse von Kreditantragstellern im Vergleich zu herkömmlichen Methoden.

Aktuell profitieren Interessenten bereits von für diese Spezifizierung ausgewählten Vergleichsportalen. Sie bieten verschiedenste Vergleiche – einfach, anonym und zügig. Die abschließende Kreditvergabe hängt jedoch nach wie vor von der Kreditwürdigkeit bzw. Bonität des Antragstellers ab. Sie zu bewerten ist bisher zeitaufwendig(er). In der Zukunft könnten Online-Rechner wie der „Kreditvergleich" auf Finanzradar und künstliche Intelligenz harmonisch zusammenwirken, um Kreditsuchenden noch schneller Kreditmöglichkeiten zu vermitteln.

Daneben konnten traditionelle Verfahren zur Bonitätsprüfung nur eine begrenzte Menge an Datensätzen verarbeiten und waren unfähig, komplexe Zusammenhänge zu erfassen. Diese Herausforderung lässt sich durch die Integration von künstlicher Intelligenz nun erstmals überwinden: Künstliche Intelligenz kann eine vielfältigere Palette von Daten verarbeiten – die aus sozialen Medien bis hin zu Transaktionshistorien.

Zudem kann sie fortschrittliche Analysetechniken nutzen, um präzisere und umfassendere Einschätzungen der Kreditwürdigkeit zu liefern.

> **Drei bedeutende Anwendungsbereiche der künstlichen Intelligenz in der Bonitätsprüfung**
>
> 1. Die Nutzung von KI erleichtert eine automatisierte Datenerfassung und -analyse. Das lässt eine schnellere und präzisere Bewertung der Bonität von Kreditantragstellern zu. Gleichzeitig ermöglicht künstliche Intelligenz die Echtzeitverarbeitung umfangreicher Datenmengen, darunter finanzieller Informationen, Transaktionshistorien und andere relevante Faktoren, um eine fundiertere Bonitätsbewertung zu erstellen.
> 2. Künstliche Intelligenz ist in der Lage, Social-Media-Plattformen und alternative Datenquellen zu analysieren. Dadurch lassen sich neue Einblicke in das Verhalten und die Gewohnheiten von Kreditnehmern gewinnen. Künstliche Intelligenz kann potenziell wertvolle Informationen aus diesen Quellen extrahieren und somit ein umfassenderes Bild von der finanziellen Situation und dem Zahlungsverhalten eines Antragstellers skizzieren.
> 3. KI-Algorithmen ermöglichen eine präzisere Modellierung des Kreditrisikos. Durch die Verarbeitung großer Mengen historischer Daten eines Kreditantragstellers kann künstliche Intelligenz komplexe Muster und Trends erkennen und die Wahrscheinlichkeit von Kreditausfällen genauer vorhersagen.

7.3 Vor- und Nachteile von KI in der Bonitätsprüfung

Durch die Integration von künstlicher Intelligenz in den Bonitätsprüfungsprozess von Unternehmen ergeben sich Vorteile, jedoch auch Nachteile, sprich: neue Herausforderungen und Risiken.

7.3.1 Die Vorteile

Zu den Vorteilen zählen in erster Linie die Schnelligkeit, die hohe Genauigkeit und Effizienz. KI-Algorithmen können große Datenmengen in kurzer Zeit analysieren und dabei vielfältige Muster identifizieren, die möglicherweise von menschlichen Analytikern übersehen würden. Dies gewährleistet eine beschleunigte Kreditentscheidungsfindung und präzisere Bonitätsbewertungen. Kreditvergleiche lassen sich zudem schneller und einfacher durchführen.

7.3.2 Die Nachteile

Zu den Herausforderungen durch den Einsatz von KI zählt – ähnlich wie jetzt auch schon – der Datenschutz. Schließlich werden bei der Bonitätsprüfung äußerst sensible finanzielle Informationen von Personen verarbeitet. Darüber hinaus sind ethische Richtlinien zu berücksichtigen (Abschn. 7.4), um Diskriminierung und unfairen Entscheidungen vorzubauen. Diesem Punkt wird in Zukunft mehr Gewicht eingeräumt werden müssen. In diesen Prozess wird unter anderem integriert sein, wie Kunden aus einem Land zu bewerten sind, in dem es beispielsweise keine Listung in Auskunfteien wie der Schufa gibt. Schließlich werden Transaktionen global abgewickelt und dazu braucht es für die Bonitätsprüfung einen gemeinsamen Bewertungsmaßstab.

Gewährt der Einsatz von Social-Media-Daten künftig stärkere Einblicke in ein soziales Umfeld, stellen sich die Fragen:

- Wie trainiere ich die KI, nach welchen Kriterien, um die Daten zielführend zu nutzen?,
- Wer erhält letztlich die Ware und wer nicht?
- Welche Rahmenbedingungen lege ich bei diesem Prozess zugrunde?

Außerdem:

- Wie gehe ich mit Fake News um, mit falschen Daten, die die KI auf eine falsche Fährte locken könnten?, und
- Wie sorge ich vor, damit das Bewerten durch KI nicht im Chaos endet?

Zudem fließt in diese Überlegungen die sogenannte Bias ein. Bias aus dem Englischen übersetzt bedeutet Verzerrung und die potenzielle Verzerrung von KI-Algorithmen (Bias) ist ebenfalls ein kritischer Nachteil von KI, weil sie zu ungerechten Entscheidungen führen kann.

> **Bias, sprich: Verzerrung**
>
> Eine Verzerrung bzw. eine Bias besteht in einem Fehler der Datenerhebung, der zu fehlerhaften Ergebnissen einer Untersuchung führt. Es kann zu systematischen und zufälligen Bias kommen. Verzerrungen in der künstlichen Intelligenz sind oft auf die Daten zurückzuführen, die zum Trainieren der Modelle verwendet werden. Sie resultieren aus historischen und gesellschaftlichen Vorurteilen, aus voreingenommenen Stichprobenverfahren oder sogar aus einer fehlerhaften Datenbeschriftung.

Ein weiterer bedeutender und nicht zu vernachlässigender Aspekt ist die potenzielle Gefahr einer umfassenden Überwachung. Die kontinuierliche Analyse von Daten eines Kreditnehmers – beispielsweise die permanente Auswertung von Social-Media-Profilen – könnte zu einem Verlust an Privatsphäre führen und die individuelle Freiheit einschränken.

Weiterhin besteht die Gefahr einer übermäßigen Abhängigkeit von Entscheidungen, die die künstliche Intelligenz generiert. Menschliche Intuition, das Verständnis des Kontexts und die individuelle Situation eines Kreditnehmers könnten bei einer Bonitätsprüfung in den Hintergrund geraten, wenn künstliche Intelligenz der alleinige Entscheidungsträger wäre. Der Mensch wäre dann nicht mehr Herr bzw. Frau der eigenen Lage der Entscheidung.

KI soll uns helfen, doch es muss immer noch der Mensch sein, der das System kontrolliert, damit keine falschen Informationen oder Bias zu Nachteilen für Kunden oder Unternehmen führen. Der Mensch muss auch zukünftig Entscheidungshoheit besitzen und in das System eingreifen können. Entsprechende Regulatorien dazu sind zum Schutz von Unternehmen und Käufer, aber auch zum Schutz des Menschen, der Menschlichkeit vor der Maschine dringend notwendig.

7.4 Ethische und regulatorische Aspekte

Im Bereich des Datenschutzes unterliegt die Anwendung künstlicher Intelligenz den Bestimmungen der Datenschutzgrundverordnung (DSGVO) sowie anderen Datenschutzrichtlinien. Die Verarbeitung personenbezogener Daten muss transparent und nachvollziehbar sein. Diese Daten dürfen ausschließlich für die Bonitätsprüfung verwendet werden – unbefugte Weitergabe ist auszuschließen. Das heißt, dass die Daten eines Kunden, wenn er oder sie beispielsweise bei einem Online-Shoppingportal einkauft, nicht an das Konkurrenzunternehmen oder einen anderen Online-Händler weitergegeben werden dürfen.

Transparenz und Erklärbarkeit von KI-Entscheidungen sind von entscheidender Bedeutung. Ein Kreditnehmer muss verstehen können, wie seine Bonitätsbewertungen zustande kommen und welche Änderungen möglicherweise erforderlich sind, um im Fall einer Ablehnung dennoch den gewünschten Lieferantenkredit zu erhalten. Eine solche Transparenz steigert die Akzeptanz gegenüber der Technologie und reduziert mögliche Bedenken.

Ganz wichtig ist auch, Diskriminierung zu verhindern und Gerechtigkeit zu gewährleisten. Künstliche Intelligenz kann unbeabsichtigte Verzerrungen enthalten, die zu ungerechten Entscheidungen führen können. Eine fortlaufende Überwachung und Anpassung der Modelle und Algorithmen ist notwendig, um Chancengleichheit und Fairness sicherzustellen.

7.5 Ausblick: Die künftige Rolle der KI bei der Bonitätsprüfung

Ein Blick in die Zukunft zeigt ein enormes Potenzial der künstlichen Intelligenz in Bezug auf die Bonitätsprüfung, die Lieferantenkreditvergabe und den Kreditvergleich. Fortschritte in der KI-Technologie könnten zu noch präziseren und verbesserten Kreditvergleichen führen, dadurch, dass sie eine tiefere Analyse der Daten des Kreditnehmers ermöglichen und sich so ein noch genaueres Risikoprofil erstellen lässt. Hier sind wir erst am Anfang!

Die Zusammenarbeit zwischen Mensch und künstlicher Intelligenz wird ebenfalls an Bedeutung gewinnen. Selbst wenn eine künstliche Intelligenz komplexe Datenmengen analysieren und Muster identifizieren kann, bedarf es eines Experten, um den Kontext und die persönlichen Umstände angemessen zu bewerten. Eine effektive und möglichst gerechte Kreditentscheidung erfordert die Synergie zwischen den Stärken beider.

> Die Zusammenarbeit von Mensch und künstlicher Intelligenz wird an Bedeutung gewinnen. Die Bonitätsprüfung der Zukunft nutzt die Stärken beider Seiten.

Grundsätzlich gilt: Die Integration und Anwendung von künstlicher Intelligenz muss transparent und nachvollziehbar sein. Bei der Gestaltung von KI-Systemen sollte der Fokus auf Anforderungen wie Gerechtigkeit und Datenschutz liegen. Nur wenn diese Anforderungen erfüllt sind, kann sich das volle Potenzial der künstlichen Intelligenz im Prozess der Kreditvergabe und beim Kreditvergleich entfalten, während gleichzeitig das Vertrauen in ein solches System gewahrt bleibt.

Zusammenfassend lässt sich sagen, dass die Integration künstlicher Intelligenz eine transformative Phase im Bereich der Bonitätsprüfung und Kreditvergabe darstellt. Die Vorteile dieser Integration liegen in einer gesteigerten Genauigkeit, Effizienz und umfassenderen Datenanalysen bei der Bonitätsprüfung. Allerdings sind damit auch Herausforderungen verbunden. Etwa Datenschutz- und ethische Aspekte und mögliche Verzerrungen bei der Bewertung von Kreditnehmern. Die Zukunft erfordert einen klugen Umgang mit dieser Thematik, der sowohl die Vorzüge künstlicher Intelligenz nutzt, als auch sicherstellt, dass ethische und regulatorische Standards im Bereich der Finanzdienstleistungen eingehalten werden. Nur wenn eine verantwortungsbewusste Integration dieser Technologie gewährleistet ist, wird sie Akzeptanz bei der Kreditvergabe und im Kreditvergleich finden.

7.6 Ist die Bonitätsprüfung ein Auslaufmodel?

Nicht nur Skeptiker, sondern auch Realisten werden sich im Hinblick auf die Zukunft der Bonitätsprüfung fragen, ob sie nicht vielleicht ein Auslaufmodell ist. Dieser Gedanke drängt sich angesichts der aktuellen Veränderungen natürlich auf, da sich der Umfang und der Anwendungsbereich von Scoring in den letzten Jahren durch technische Neuerungen in der Datenbeschaffung und -auswertung erheblich geändert haben. Immer mehr Lebensbereiche werden von Scoring-Verfahren durchdrungen, um auf dieser Grundlage Entscheidungen über den Abschluss von Verträgen und deren Bedingungen zu treffen (Jandt 2015).

Daneben ist Scoring keine spezifische Erscheinungsform von Big Data, wenngleich auf der Internetseite der Schufa nachzulesen ist, dass die in den 1920er-Jahren gegründete Auskunftei ihre Kartei bereits in den 1970er-Jahren auf EDV umgestellt und in den 1990er-Jahren Scores entwickelt hat, um die Zahlungswahrscheinlichkeit zu prognostizieren. Da Big Data die Nutzung weiterer Datenquellen ermöglicht, erwog die Schufa im Jahre 2012 auch, Social-Media-Daten aus Netzen wie Facebook, Twitter und Xing zu verwenden (Rieger 2012). Zu diesem Zweck wurde das Hasso-Plattner-Institut (HPI) der Universität Potsdam mit der Erforschung der Frage beauftragt, wie die Informationen aus Social Media am besten genutzt werden können (Rieger 2012). Der mediale Aufruhr, den diese Untersuchung auslöste, ließ sie im Keim ersticken. Zunächst nahm HPI Abstand von dem Projekt SCHUFALab@HPI und schließlich gab auch die Schufa ihr Vorhaben auf (Schmucker 2013).

Die Schufa greift nach eigenen Angaben nunmehr gar nicht auf Social-Media-Daten zurück. Nichtsdestotrotz nutzen andere Unternehmen Social-Media-Daten für die Bonitätsbeurteilung (Morozov 2013). Zum Beispiel bietet das Unternehmen Kreditech mithilfe von Big Data (einschließlich Social-Media-Daten) alternative Finanzdienstleistungen an. Diese können schnell und vollständig über das Internet abgewickelt werden und dem Kunden einen 24/7-Service bieten – allerdings nicht in Deutschland (vgl. auch www.kreditech.com, abgerufen Januar 2024). Oftmals werden derlei Alternativen zum klassischen Bankkredit gerade von Personen in Anspruch genommen, die von Banken als risikoreich eingestuft werden und infolgedessen kein oder zumindest kein zinsgünstiges Darlehen erwarten können. Menschen mit schlechter Bonitätsbeurteilung bleibt – wenn sie einen Kredit benötigen – nichts anderes übrig, als einen Kreditvertrag auf Kosten ihrer Privatsphäre abzuschließen (Morozov 2013). Daran zeigt sich einmal mehr der wirtschaftliche Wert der vom Verbraucher produzierten, privaten Daten. Dessen sind sich viele Nutzer nicht bewusst (Eschholz et al. 2014).

Ohnehin ist es gut möglich, dass Bonitätsprüfungen im e-Commerce an Bedeutung verlieren werden, je mehr sich Zahlverfahren wie PayPal und Kreditkarte durchsetzen. Bei elektronischen Wallets wie PayPal verfügen entsprechende Anbieter über genügend Daten zum Zahlungsverhalten ihrer Kunden, sodass sie in der Lage sind, selbst für die Bonitätsprüfung zu sorgen. Denkbar ist auch, dass Unternehmen wie PayPal, Amazon, Apple Google & Co.- sollten sich deren Payment-Lösungen in der breiten Masse durchsetzen – selbst zu Anbietern von Bonitätsprüfungen werden.

Auch Zahlungen per Kreditkarte sind für Online-Händler sehr sicher, da eine Kreditkarten-Transaktion erst dann abgeschlossen wird, wenn die Bank des Karteninhabers den Vorgang autorisiert hat. Hierfür wird automatisiert geprüft, ob die Karte gültig ist und ob der Betrag das Kreditkartenlimit nicht übersteigt (Hüllemann 2015).

Zukünftig wird es beim Scoring wie im gesamten Bereich von Big Data darauf ankommen, Verfahrensgestaltungen auszuarbeiten, die einen gerechten Ausgleich zwischen der wirtschaftlichen Ausschöpfung von Daten und den Interessen der Betroffenen schaffen (Hoeren 2014). Nur dann können Bestandsfähigkeit und Rechtssicherheit von auf Algorithmen beruhenden Entscheidungen gewährleistet werden (Eschholz et al. 2014). Dem stimme ich genauso zu. Gleichzeitig glaube ich, dass die Bonitätsprüfung kein Auslaufmodell ist. Denn wie wollen Sie Geschäfte machen, wenn Sie die Person, die die Ware ordert, nicht einschätzen können? Im anonymen eCommerce, wo Sie Ihren Kunden – anders als an der Wurst- oder Käsetheke – nicht sehen und das Geld nicht sofort über die Theke bzw. am Kassenausgang erhalten, wenn die Ware den Besitzer gewechselt wechselt?

Gleichzeitig gewährleistet die Bonitätsprüfung Sicherheit und mehr Einkaufsspaß. Registrierte Bestandskunden müssen nicht erst mühsam Ihre Daten einpflegen, sondern können sich in Ruhe auf Ihre Produktauswahl konzentrieren, ähnlich wie im stationären Laden oder vielmehr beim Händler Ihres Vertrauens.

7.7 Welche Rolle spielt Blockchain?

Die Blockchain-Technologie dient als Grundlage für eine ganze Reihe neuer digitaler Währungen oder Kryptowährungen, von denen Bitcoin die bekannteste ist. In der traditionellen Finanzbranche ist jedoch die

Blockchain-Technologie in den Mittelpunkt des Interesses gerückt und stellt einen Fokusbereich für Investitionen dar. Dabei hat sie Bitcoin weitestgehend verdrängt.

Was versteht man unter Blockchain?
Hinter einer Blockchain (aus dem Englischen übersetzt: Blockkette) steht einfach ausgedrückt ein Register, in dem alle Transaktionen wie in einem elektronischen Kassenbuch verzeichnet werden. Dieses Register wird von einer Vielzahl von Rechnern dezentral verwaltet. Das macht die Technik fälschungssicher. Im übertragenen Sinne ersetzt die unabhängige Blockchain somit eine Bank.

Die erste sogenannte Blockchain wurde im Oktober 2014 notariell beurkundet. Die Universität Nicosia zertifiziert die Zeugnisse ihrer Studenten in Form von Transaktionen in der Blockchain. Heute werden vor allem Zahlungen via Blockchain abgewickelt. Das heißt, mittels kryptografisch abgesicherter Protokolle in Kombination mit einer dezentralen Datenspeicherung ermöglichen Kryptowährungen den digitalen Zahlungsverkehr, ohne Banken als Zentralinstanzen. Der Besitz eines kryptografischen Schlüssels repräsentiert dabei das Eigentum an einem ebenfalls kryptisch signierten Guthaben in einer gemeinschaftlichen Blockchain. Durch diese Technologie und ihre Anwendung kann jeder Nutzer (Käufer sowie Verkäufer) durch die geschlossene Kette die Bonitätsprüfung als nichtig betrachten, da die Zahlung sofort garantiert wird. Um Ihnen eine Vorstellung davon zu geben: Eine Blockchain ist wie eine elektronische Geldbörse, in der sich ein öffentlicher und ein privater Schlüssel befinden. Der öffentliche Schlüssel dient dabei als Adresse zum Senden und Empfangen. Der private Schlüssel autorisiert die persönlichen Transaktionen. Aufgrund zufälliger Generierung enthalten die Adressen – wie bei Bargeldscheinen oder Münzen – keinerlei Informationen über den Besitzer (Miller 2020).

Die Technologie verspricht kostengünstige Finanztransaktionen und Abrechnung nahezu in Echtzeit. Abb. 7.1 zeigt in einer schematischen Darstellung, wie die Blockchain-Technologie funktioniert.

Die Blockchain-Technologie stößt zwar auf ein immenses Interesse, doch erscheint es unwahrscheinlich, dass sie im Privatkunden-Zahlungsverkehr in Europa in näherer Zukunft eine wesentliche Rolle spielen wird. Die meisten Vorteile, die digitale Währungen wie Bitcoin oder die zugrunde liegende Blockchain-Technologie angeblich oder tatsächlich bieten, sind für die derzeitige Zahlungsverkehrslandschaft entweder nicht von Belang oder irrelevant (Wyman 2016).

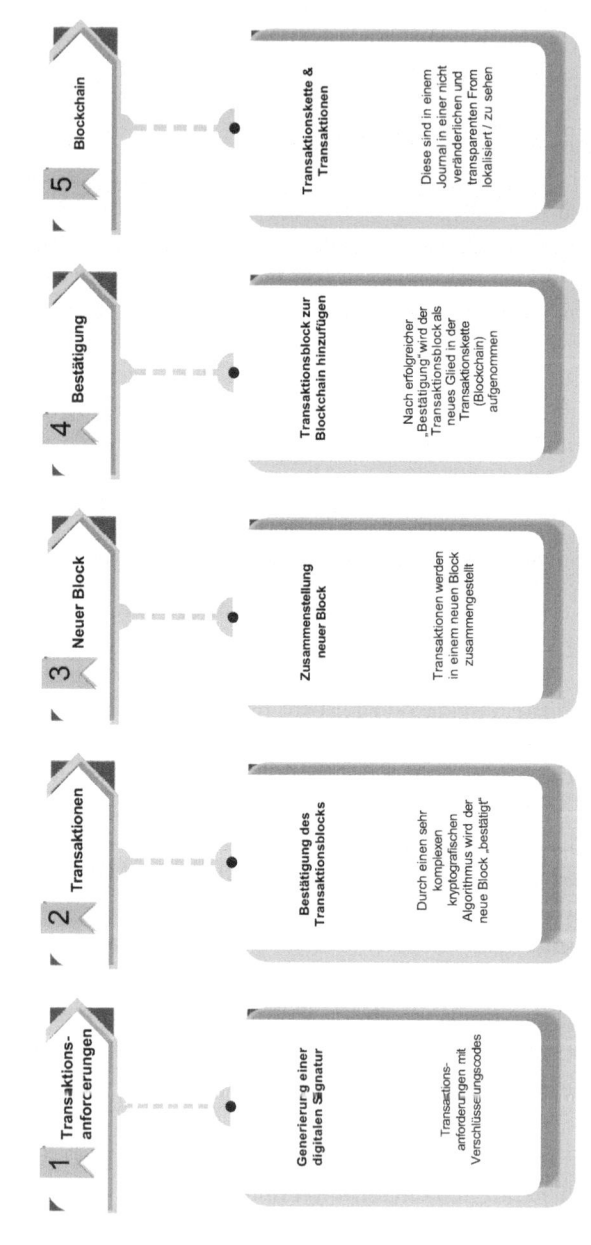

Abb. 7.1 Blockchain – Aufbau und Funktionsweise. (Eigene Darstellung)

Es bleibt abzuwarten, bis die Technologie weiter ausgebaut ist und als sicheres Zahlungssystem weiter an Akzeptanz gewinnt. In Deutschland gibt es bereits ein Krypto-Investment- und -Kreditsystem. In den USA ist die Regulierung in der Praxis bereits sehr weit fortgeschritten, zum einen durch die mächtige US-Wertpapieraufsichtsbehörde United States Securities and Exchange Commission (SEC), zum anderen im Mekka der Hochfinanz, dem Bundesstaat New York, durch die Regierungsbehörde des New York State Department of Financial Services (NYSDFS). Bereits im Jahr 2015 wurde dem ersten US-Unternehmen (Circle) durch die US-Behörde eine BitLicense erteilt, um als Bitcoin-Börse aktiv zu werden bzw. Krypto-Dienstleistungen reguliert anzubieten.

Auch in Deutschland ist die Regulierung längst viel weiter, als der überwiegend negative Tenor in den Medien vermuten lässt. Am 15. April 2019 hat die Bundesanstalt für Finanzdienstleistungsaufsicht (BaFin) eine umfassende Stellungnahme zur „Tokenisierung" veröffentlicht. Bei der Tokenisierung handelt es sich um die digitalisierte Abbildung eines (Vermögens-)Wertes inklusive der in diesem Wert enthaltenen Rechte und Pflichten sowie dessen hierdurch ermöglichte Übertragbarkeit.

Bereits zu Jahresbeginn 2019 hat die BaFin den ersten Wertpapierprospekt zu einem Security Token Offering (STO) in Deutschland genehmigt. Außerdem hat sie dem Bitbond (vgl. auch www.bitbond.com) eine Lizenz erteilt, der Kredite über die Bitcoin-Blockchain vergibt (Miller 2020).

> **Zusammenfassung: Zukunft**
> - Die Bonitätsprüfung schützt Unternehmen/Verkäufer wie Verbraucher/Käufer.
> - Künstliche Intelligenz kann gigantisch große und unterschiedlichste Datenmengen in enormer Schnelligkeit verarbeiten. Diese Entwicklung besitzt ein geradezu riesiges Potenzial und ist ein bemerkenswerter Vorzug für die Bonitätsprüfung.

- Daneben gilt es, ethische Anforderungen zu berücksichtigen, um Diskriminierung und unfaire Beurteilungen zu verhindern, ebenso wie Anforderungen hinsichtlich der Steuerungshoheit derartiger Auswahlprozesse, damit diese in den Händen qualifizierter Menschen bleiben und nicht von der Maschine und ihren Standards mitübernommen werden.
- Es braucht auch in Zukunft menschliche Expertise, um umsichtige und ethisch-korrekte Entscheidungen zu treffen, insbesondere, wenn Bias möglicherweise Unruhe ins System bringt und es gilt, geschickt und erfahren gegenzusteuern.
- In Summe erfordert der Einsatz von KI – so viele Vorzüge er auch immer bieten mag – ein sorgfältiges Abwägen der Vor- und Nachteile sowie ein verantwortungsbewusstes Management, um die positiven Effekte zu maximieren und die negativen Auswirkungen so gering wie möglich zu halten.
- Interessant dürfte die Frage werden, ob und inwieweit Zahldienste wie Paypal, Google & Co. eigene Bonitätsprüfungen anbieten werden und wie sich die Blockchain-Technologie etablieren wird.

In jedem Fall bleibt es spannend, wie es für die Bonitätsprüfung weitergeht. Eine Sache jedoch stelle ich immer wieder fest: Die Prüfung wird zunehmend wichtiger. Nicht nur für große Unternehmen, sondern auch für kleine und mittelgroße Firmen. Denn die Betrüger schlafen nicht und die Käufer schätzen Sicherheit und damit entspanntes ebenso wie komfortables Einkaufen. Mit der Brille des Kunden auf das Shoppingerlebnis zu blicken, macht klar: Ihm oder ihr geht es um Komfort, Sicherheit, Effizienz und Inspiration. Das lässt sich durch die Bonitätsprüfung besser gewährleisten und gilt umgekehrt auch für Sie als Händler.

Literatur

Eschholz, Stefanie, Djabbarpour, Jonathan, ULD & GP Forschungsgruppe, 2014. *Big Data und Scoring in der Finanzbranche*. Universität Münster, Institut für Informations-, Telekommunikations- und Medienrecht. Abidia-Dossier, Januar 2015. www.abidia.de/sites/default/files/06%20Scoring.pdf (abgerufen Dezember 2023).

Hoeren, Thomas, 2014. *Big Data und Recht*. München, C.H. Beck Verlag.

Hüllemann, M., 2015 *Scoring heute und in Zukunft- Bonitätsprüfung im E-Commerce,* https://www.tecchannel.de/a/bonitaetspruefung-im-e-commerce,3283563,4 (abgerufen Januar 2024).
Jandt, Silke. 2015. *Big Data und die Zukunft des Scorings* in Magazin: Kommunikation & Recht (6–8, Heft 6, Beihefter 2), Frankfurt, Deutscher Fachverlag.
Kreditech Holding SSL GmbH, www.kreditech.com/what-we-do/ (abgerufen Januar 2024).
Miller, Markus, 2020. *Finanzielle Selbstverteidigung.* München, FBV.
Morozov, E., 2013. *Bonität übers Handy.* FAZ.de, http://www.faz.net/aktuell/feuilleton/silicon-demokratie/kolumne-silicon-demokratie-bonitaet-uebershandy-12060602.html. (abgerufen Januar 2024),
Rieger, Frank, 2012. *Kredit auf Raten.* Frankfurt, Frankfurter Allgemeine Zeitung,www.faz.de, (abgerufen Januar 2024).
Schmucker, Jessica, 2013. *Facebook kommunal,* aus DVP Magazin 8/13. Hamburg, Maximilian Verlag.
Wyman, Oliver, 2016. *Zahlungsverkehr in Europa ein Blick auf die Zukunft der Branche im Privatkunden- und KMU-Geschäft,* www.oliverwyman.de (abgerufen Februar 2024).

SPRINGER NATURE

GPSR Compliance

The European Union's (EU) General Product Safety Regulation (GPSR) is a set of rules that requires consumer products to be safe and our obligations to ensure this.

If you have any concerns about our products, you can contact us on ProductSafety@springernature.com

In case Publisher is established outside the EU, the EU authorized representative is:

Springer Nature Customer Service Center GmbH
Europaplatz 3
69115 Heidelberg, Germany

The manufacturer's authorised representative in the EU is Springer Nature Customer Service Centre GmbH, Europaplatz 3, 69115 Heidelberg, Germany. If you have any concerns regarding our products, please contact ProductSafety@springernature.com

Printed and bound by CPI Group (UK) Ltd, Croydon, CR0 4YY

23/03/2026

02076397-0019